Ulysses von Salis-Marschlins

Fragmente der Staats-Geschichte des Thals Veltlin, Clefen und Worms

aus Urkunden, von Ulysses von Salis

Ulysses von Salis-Marschlins

Fragmente der Staats-Geschichte des Thals Veltlin, Clefen und Worms
aus Urkunden, von Ulysses von Salis

ISBN/EAN: 9783743692107

Hergestellt in Europa, USA, Kanada, Australien, Japan

Cover: Foto ©ninafisch / pixelio.de

Weitere Bücher finden Sie auf **www.hansebooks.com**

Fragmente
der
Staats-Geschichte
des Thals Veltlin
und
der Grafschaften Clefen und Worms,
aus Urkunden,
von Ulysses von Salis.
Erster Band.

Retia quibus nos conclusos applaudit ac si telæ Aranearum essent facile rumpemus, eoque vilipendimus.
Fridericus I. Imperator Augustus in Litteris ad Isac. Angelum Imperator. Constantin. dat. Anno 1189. Goldast conflit. Imperial. Tom. I. pag. 286.

1792.

Non leve est regalem impugnare Majestatem etsi injusta in aliquo videretur. Dei enim ordinatio est. Dei dispensatio. Profanum est violare quod Deus ordinat — — — — Sic enim Petrus : subjecti estote omni humanae creaturae propter Deum, sive Regi quasi praecellenti; sive Ducibus tanquam ab eo missis, ad vindictam malefactorum, laudem vero bonorum. I Petri 2 : 14. Sed haec Princeps docet Ecclesiae, videamus quid ejus Socius. Non est potestas nisi à Deo: quae autem sunt, à Deo ordinata sunt. Itaque qui resistit potestati, Dei ordinationi resistit. Qui autem resistunt ipsi sibi damnationem acquirunt — — ideo necessitate subditi estote : non solum propter iram sed et propter conscientiam: ideo enim et tributa praestatis, ministri enim sunt Dei in hoc ipsum servientes. Reddite omnibus debita, cui tributum, tributum; cui vectigal, vectigal; cui timorem, timorem; cui honorem, honorem. ad Rom. Cap. 13.

Ex litteris Attonis Episcop. Vercellens. ad Waldonem Episcop. Comensem. Scriptis anno 952. Extant Romae in Biblioth. Em. Francisci Cardinal. Barberini.

Vorrede.

Kaum war die wichtige Staatsrevolution, durch welche die Republik Bündten im Jahr 1637. sich von Frankreich trennte, und Spanien in die Arme warf, erfolgt, und durch das im Jahr 1639. zu Mayland beschworene Capitulat befestiget worden; so hörte der Federkrieg auf, den man sechzehn Jahre lang zwischen Bündtnern und Veltlinern geführt, und in welchen sich auch Ausländer gemengt hatten; und die Stimmen der Redner, welche die Herrschersrechte der Bündtner über

Veltlin, Clefen und Worms beſtritten und vertheidigten, von Fra Paulo Sarpi an bis auf den Doctor Pietro Martire Taroni, erſtummten vor dem Machtſpruch des Hofs von Madrid: Die Oberherrſchaft dieſer Länder gehöre den drey Bünden zu.

Sechzig Jahre lang beſchäftigte ſich der feine haarſpaltende Witz der Veltliner-Rechtsgelehrten allein damit: künſtliche Auslegungen dieſes, ihrer Unterwerfung unter die Landeshoheit der drey Bünde maasgebenden Capitulats und der Statuten des Landes, die man als einen Theil deſſelben anſahe, auszuſinnen; um ſie dann, wann Zeit und Umſtände günſtig waren, geltend zu machen.

Der Strom, der die Ufer der uralten, durch das Capitulat ſelbſt anerkannten Herrſchersrechte des Freyſtandes der drey Bünden überſchreiten wollte, ſtürmte nicht mehr mit brauſenden Wellen darauf los; ſondern ſchlich ſanft und ſchmeichelnd daneben hin, und untergrub stillschweigend ihren Grund; so daß bald hie, bald da ein Stuck Land unbemerkt in die Wellen schlupfte und versank. Setzte man ihm an dem Ort, wo er geschäftig war das Land zu untergraben, zur Seltne einen schwachen Damm entgegen; so kräuselte er seine glatte Oberfläche, und schien sich über den Zwang, der ihn von seinem unterminiren abhielt, zu beschweren.

Unterdessen lagen die Waffen, mit welchen man die Landeshoheit der Bündtner ehemals angegriffen hatte, in den Studierstuben einiger eifrigen Patrioten verscharret.

Nicht ehender als in dem zweyten Jahrzehend dieses Jahrhunderts langte sie der gelehrte und scharfsinnige Herr Canonico Pietro Angelo Lavizzari aus diesen verborgenen Behältern hervor; und stellte sie in seinen Memorie istoriche della Valtellina vor die Augen des Publicums; vielmehr in der

Gestalt von Cabinetstücken, als zu neuem Kampf gerüsteter Waffen auf.

Indessen war es ihm doch Hauptzweck, die Gründe, mit denen man ehemals gestritten hatte, der Vergessenheit zu entreissen; und wenn er schon diese Absicht hinter dem Anschein der Unpartheylichkeit zu verbergen, und auf diese Weise seinem Vaterlande zu dienen, ohne seinem Oberherrn zu mißfallen getrachtet; so mußte dennoch ein jeder Liebhaber der Wahrheit gleich einsehen, wohin er zielte, wenn er nur bemerkte: wie ausführlich er die Gründe seiner Landsleute anführte, und wie unvollständig und schief er dasjenige vorstellte, was Sprecher, Molina und andere darüber erwiedert hatten.

Dem ungeachtet gelang es ihm von gemeinen Landen selbst, die Erlaubniß sein Werk drucken zu lassen zu erhalten. Eine Gefälligkeit, die der Verfasser des Prospetto undankbarerweise so ausgedeutet hat: als wenn der

Bundstag des Jahrs 1715. durch diese Druckgestattung allem dem, was Lavizzari behauptet, das Siegel der Authenticität aufgedruckt hätte; welches eben so viel sagen will, als wenn man Leopold, Georg, Friedrich Wilhelm und Friedrich August beschuldigen wollte, sie pflichten allen denen Thorheiten bey, welchen ihre Censoren die Erlaubniß gestatten, an das Licht der Welt zu tretten.

Nach Lavizzari erschien der Abbate Francesco Saverio Quadrio auf diesem Schauplatz. Er hatte sich als Jesuit durch sein grosses critisches Werk Istoria e raggione d'ogni Poesia einen ausgebreiteten litterarischen Ruhm erworben; und auch, seitdem er aus dem Orden getretten, verschiedene critische Fehden durch seine Beredsamkeit und gute Schreibart, glücklich bestanden.

Stolz auf seine Siege, und überzeugt was Plutarch vom Demostenes sagt: Ea vis facundiæ est, ut omnia conficere & subigere

valeat, gelte ihm eben sowohl als dem Athe⸗
niensischen Redner; betrat er, von Vater⸗
landsliebe angefeuert, die ihm unbekannte
Bahn der Geschichte und Diplomatik. Die
Maylåndischen Bibliotheken und Archife, be⸗
sonders das Trivulzische, versahen ihn mit
häufigen Hülfsmitteln. Nachgehends machte
er eine Reise durch das Veltlin, und sam⸗
melte alles was aufzutreiben war. Vorzüg⸗
lich aber nützte er, was er in den Schriftstel⸗
lern, die er in seiner Vorrede anführt, auf⸗
gezeichnet fand, aber nur in so weit es sich
seinen Absichten anpassen liesse. Hieraus ent⸗
stunden bey guter Musse seine in drey Quart⸗
bänden im Jahr 1755. zu Mayland an das
Licht getretenen Dissertazioni Critico Sto-
riche intorno alla Rezia di qua dalle
Alpi, oggi detta Valtellina.

Obwohl dieses Werk nur aus Bruchstücken
besteht, denen er, in dieser Rücksicht, den
wohlgewählten Namen Abhandlungen giebt,

so zielen sie dennoch alle auf das gleiche Augenmerk: Preis und Erhebung des Veltlins über alle Länder des ganzen Erdballs.

Zu diesem Ende war es ihm Hauptsache, vorzüglich die Oberherrschaftsrechte der Republik Bündten über Veltlin, Clesen und Worms zu bestreiten; denn wie unanständig wäre es gewesen, wenn man hätte sagen können, die von ihm verherrlichte Nation schleppe die Kette der Knechtschaft eines unbedeutenden Volks!

Um sich bey seinem Angriff auf die Souverainität der Bündtner eine vortheilhafte Stellung zu verschaffen; schob er mit einer Tactik, die eines geübten Ringers würdig war, die Geschichte von der Empörung des Veltlins, und des daraus entstandenen Krieges in den zweyten Band seines Werks, welcher der Religionsgeschichte gewiedmet schien. Dadurch erhielt dieser Aufstand den Anstrich eines Religionskrieges; und alle diejenigen, die für die Reinigkeit der römisch-catholischen Religion eifern, wurden dadurch aufgefodert, sich auf seine Seite zu stellen.

Unter dem Schutz dieses Bollwerks wagte er es nun, sowohl im gedachten zweyten als im ersten Band seines Werks, die Oberherrschaft der Bündtner über das Veltlin, unter dem gehässigen Bild eines Bundesbruchs und einer Usurpation vorzustellen; und scheuete sich nicht zu behaupten: Spanien habe im gedachten Capitulat die Rechte des Veltlins seinem eigenen Staatsinteresse aufgeopfert. Gründe, Thatsachen, Urkunden brachte er eigentlich keine andere vor, als jene, die man zu der Zeit des Krieges, in den von den Veltlinern und ihren Helfern bekannt gemachten Schriften, schon genutzt hatte. Vornemlich schrieb er die Streitschriften des Grafen Paul von Rho, und des jüngern Scenardi fast ganz aus; zerstückte sie aber, damit man es nicht merken sollte, putzte ihren altmodischen

Vortrag mit den Flosceln seiner Wohlredenheit aus, und gab ihnen durch den ihm eigenen zuversichtlichen Catheberton einen solchen Nachdruck, daß man hätte denken sollen, es wäre ein Verbrechen an diesen Orakelsprüchen zu zweifeln.

Im Auslande wurde dieses Werk nur obenhin beurtheilt; man sahe den Wald nicht vor den Bäumen: denn wenige Recensenten waren in einer Lage es bemerken zu können, wie sehr dieser Schriftsteller bey seiner sonst löblichen Vaterlandsliebe das: Sed magis amica veritas vergessen hatte. Der einzige Padre Zacharia gab ihm in seiner Iftoria Litteraria d'Italia mit lachendem Munde einige tüchtige Geißelhiebe, die aber keine Hauptsachen betrafen. In Bündten sahe man es mit einer Gleichgültigkeit an, die ich mir noch heut zu Tage nicht zu erklären weiß. Im Veltlin wurde es mit einem grossen Beyfall aufgenommen, und hätte noch einen grössern eingeerndet, wenn der Patriotismus des Quadrio von der edlern Art gewesen wäre, und wie die Ringe im Wasser, immer den engeren Kreis im weitern eingeschlossen hätte. Allein er fieng bey ihm selbst an, und endete in ihm selbst. Denn eben so wie er das Veltlin ganz Europa vorzog, zog er sein Vaterland Ponte dem ganzen Veltlin, und sein Geschlecht allen adelichen Geschlechtern zu Ponte vor. Daher verfiel er in alle die kleinen Thorheiten, zu welchen eine weibische Eitelkeit einen Schriftsteller zu verleiten pflegt. Ein Mann, der tüchtig war hierüber abzusprechen, der obgedachte Herr Canonico Pietro Angelo Lavizzari, dem Quadrio vieles zu verdanken hatte, machte mich vor vielen Jahren auf diese Fehler, von welchen er mir eine Verzeichniß behändigte, aufmerksam; und veranlaßte mich dadurch des Quadrio Werk noch einmal mit Aufmerksamkeit durchzulesen. Im Durchlesen schrieb ich einige Anmerkungen auf, und faßte den Vorsatz: die Stellen, die der Souverainität und den Herrschersrechten meines Vaterlandes zu nahe traten, zu beleuchten und zu widerlegen. Ein kluger Mann, dem ich diesen Gedanken meines Herzens eröffnete, mißrieth es mir. Sie werden sich dadurch, weissagte er mir, von Seiten der Unterthanen, einen töblichen Haß aufladen; und bey den Bündtnern werden sie nichts anders gewinnen, als daß man sie von Herzen auslacht, wenn sie sich von Seiten ihrer aufgebrachten Gegner Grobheiten zuziehen; und wenn sie die Fehde mit Ehren bestehen, so wird man eifersüchtig über sie werden.

Ich schwieg, und Quadrio wurde von der ganzen Lesewelt im Veltlin fleißig gelesen; und erhielt, die Stellen welche die Eitelkeit des eint= oder anderen beleidigten ausgenommen, um so mehr Glauben, als er ohne Antwort geblieben war. Dieses würkte nach und nach, wie Voltaire's, Rousseau's und anderer philosophischen Staatskünstler Schriften bey redlich= und unredlichen Unterthanen eine Ueberzeugung, es geschehe ihnen von ihren Oberherren Unrecht. Die Gemüther waren also schon von der in unsern Zeiten epidemischen Neuerungssucht angewandelt und zu Klagen gestimmt, als den Gemeinden des Veltlins der Vorschlag gethan wurde, wider ihre Regierung Klagen einzubringen. Nebst andern Mitteln, die man angewandt, das Volk je mehr und mehr aufzuhetzen, vergas man dasjenige nicht, dessen sich die Insurgenten in Holland, zu Lüttich und in den Niederlanden mit allem Erfolg bedient hatten; man streute Anonymische Schriften aus. Unter diesen befande sich das berüchtigte Raggionamento, welches alles dasjenige, was Quadrio aus den erwehnten Streitschriften ausgezogen, und was er weggelassen hatte, enthielt; und sich nicht begnügte, wie andere

Privatperſonen zu läſtern, oder einzelne Handlungen der Bündtneriſchen Regierung zu tadeln; ſondern geradenwegs den Grund der Oberherrſchaft Bündten über ſeine Unterthanen=Lande angriff. Es fand im Veltlin und zu Clefen Beyfall; denn diejenigen, die im Quadrio das nemliche ſchon geleſen hatten, waren zum Voraus geſtimmt ihm beyzupflichten, und die übrigen wurden durch die Verſicherung, es ſtehe das gleiche im Quadrio, bald gewonnen. Das Schickſal, zu welchem ein Landesfürſtlicher Befehl dieſe Schrift verurtheilte, machte auf die von Leidenſchaften geblendeten Gemüther keinen Eindruck; wurde vielmehr einem Mangel an beſſeren Gegengründen zugeſchrieben, und als eine Handlung eines ungerechten Gewalts ausgedeutet. Diejenigen, welche dieſe Schrift veranſtaltet und ausgearbeitet hatten, ſchreckte es von ihrem Vorhaben ſo wenig ab, daß ſie ihre Feder gleich wieder ſpitzten, und ein zweytes

Werk ausarbeiteten, welches nachher unter dem Titel: Profpetto Storico, politico e apologetico del Governo della Valtellina, e delle fue Conftitutioni fondamentali in öffentlichem Druck erschien. Durch sein Epigraph kündete es sich selbst als einen aus der Asche des Raggionamento entstandenen jungen Phönix an; allein die Stelle des Claudians de Bello Gætico L. 4. — —
— — — — foedavit fidera — — —
donec in exiguum moriens vanefceret ignem, hätte besser auf diese Staats-Metheore gepaßt.

Wann die von dem ungenannten Verfasser dieser Schrift, theils seinen Vorgängern abgeborgten, theils neue hinzugesetzte Erzehlungen von Thatsachen, und seine mit der frechesten Stirne vorgetragene Behauptungen, Wahrheit wären, so müßte man es gestehen, der Freystand Bündten hätte sich seiner Oberherrschaft über Veltlin, und die beyden Graffschaften vor Gott und

dem

dem aufgeklärten philosophischen Publikum unseres Zeitalters zu schämen; denn sie wäre in ihrer Quelle die Frucht der Treulosigkeit und eines von unseren Voreltern verübten schändlichen Bundesbruchs. Eine achtzig oder neunzig Jahre lang fortgesetzte gewaltthätige Unterdrückung wäre nicht hinreichend gewesen, einen auf Unrecht gegründeten Besitz zu befestigen; und der Verfasser des Prospetto hätte Recht gehabt auf seinem 238ten Blatt zu behaupten: die Bündtner seyen in dem Fall des Gesetzes, adversus fures & latrones perpetua auctoritas esto.

Ich aber wußte es, daß diese von dem Ungenannten behauptete Thatsachen, leere Erdichtungen, daß seine wider unsere redliche Voreltern ausgespiene Beschuldigung, Lästerungen waren; war durch die schon seit langer Zeit gesammelten Nachrichten im Stande es zu beweisen.

Hätte ich nun schweigen, eine solche

Beschuldigung auf unseren Stand und auf unseren frommen Väteren liegen laſſen, es nicht verhindern ſollen, daß man das unpartheyiſche Publikum in einen ſolchen Irrthum verleite? es nicht, ſo viel es an mir war, verhüten ſollen, daß man fortfahre, die Bündtneriſchen Unterthanen, von welchen weit die gröſſere Menge im Grund gut und redlich iſt, durch ſolche Vorſpieglungen irre zu führen?

Nein, es ſchweige wer ſchweigen kann. Ich trette auf, um alle dieſe, meinem Vaterlande ſchimpfliche und ſchädliche Ausſtreuungen zu beleuchten und zu widerlegen.

Auf daß aber meine Schrift nicht zu weitläufig werde; habe ich mir vorgeſetzt, nur denjenigen Theil der Staatsgeſchichte des Veltlins und der beyden Grafſchaften zu beleuchten, aus welchem die Oberherrſchaftsrechte der Republik Bündten über dieſe Länder, mittelbar oder unmittelbar herflieſſen, und folglich nur Bruchſtücke dieſer Staatsgeſchichte zu liefern.

Fast bey jedem Schritte werde ich mich genöthiget sehen, das Blendwerk, durch welches die Veltlincrischen Schriftsteller, besonders der Verfasser des Prospetto, die Wahrheit ganz zu verbergen, oder doch zu verstellen getrachtet haben, zu verstreuen. Ich werde mich aber nur mit Thatsachen, und zwar allein mit denjenigen, die geradenwegs in die Hauptfrage einschlagen, abgeben: denn fällt der Grund weg, so stürzen die Folgerungen, die der Verfasser des Prospetto darauf gebaut hat, von sich selbst zusammen, und seine Trugschlüsse stehen in ihrer Blöse da. Alle diese Trugschlüsse beleuchten; den labyrinthischen Irrwegen durch welche sie fortwandeln, nachspühren; alle verstellte Thatsachen und falsche Citationen; berichtigen zu wollen wäre eine Herkulische Arbeit, und erfoderte einen Dictionnaire des Erreurs, wie sich einst Baile eines zu schreiben vorgesetzt hatte. Das ist aber mein Vorsatz nicht. Mir ist es genug, wenn es mir nach langem heissen Kampf gelingt, die Rechte und die Ehre meines Vaterlandes zu retten.

Ob mich dabey der Lohn erwarte, den man mir schon vor drey Jahrzehnden geweissaget hat, lasse ich dahin gestellt. Soll ich nach meiner bisherigen Erfahrung, nach dem Geschrey, das man allemal wider mich erregt hat, wann ich je meine Feder angesetzt habe, um die Rechte des Vaterlandes zu vertheidigen, urtheilen: so habe ich nichts bessers zu gewärtigen.

Auch diesesmal werden die Tongeber der Unterthanen sich Mühe geben, mich durch allerley Beschuldigungen meinen Landsleuten verdächtig zu machen; und mich selbst durch Drohungen und Schmähungen von dem gefährlichen Posten, auf welchen ich mich hingestellt habe, zurückzuschrecken. Auch diesesmal werden vielleicht Bündtner sich dingen lassen, zu der Zeit, da ich den allgemeinen Feind bestehe, mich von hinden anzufallen.

Allein sie werden ihre Absicht nicht erreichen; von dem Vorsatz, dem Vaterlande alle meine Kräfte zu wiedmen, werde ich mich nicht abbringen lassen.

Als die zwey Petilii den Scipio vor dem versammelten römischen Volke anklagten: er habe sich Geld aus dem Gemeinen-Seckel zugeeignet, erschien er in einem Feyerkleide vor seinen Richtern, und sprach mit Würde: Heut, ihr Römer, habe ich nicht Zeit, meine gekränkte Ehre zu retten; denn an diesem Tag hab' ich an der Spitze euerer Legionen Carthago überwunden. Er gehört also ganz den Göttern, denen ich ein feyerliches Dankopfer schuldig bin, weil sie mich tüchtig gemacht haben, dem Vaterlande einen so grossen Dienst zu leisten. Nun begab er sich in den Tempel; das ganze Volk strömte ihm nach, und seine Ankläger selbst sahen sich genöthiget ihm dahin zu folgen. Liv. B. 38.

Ich bin kein Scipio; aber meinen Anklägern

werde ich antworten wie er: Nun habe ich nicht Zeit, meine gekränkte Ehre zu retten; denn meine Zeit und meine Kräfte sind ganz dem Vaterlande gewiedmet. Wann der Sturm abgeschlagen ist, der diesem droht, dann werde ich erst daran denken, mich selbst und die Meinigen zu vertheidigen. Wie glücklich wäre ich, wenn dieser mein ernster Entschluß unser ganzes Volk, und meine Ankläger selbst reizte, sich mit mir neben die rechtschaffenen Männer hinzustellen, denen die Vertheidigung der Rechte unseres Standes vorzüglich anvertraut ist; und nicht von ihrer Seite zu weichen, bis sie einen rühmlichen Sieg erfochten haben.

Marschlins, den 15ten Hornung 1792.

Verzeichnis

der Abschnitte des ersten und zweyten Bands.

Erstes Buch.

Erster Abschnitt. Lage des Veltlins und der beyden Grafschaften.
Zweyter Abschnitt. Rhätische Epoche.
Dritter Abschnitt. Römische Epoche bis auf Carl den Grossen.
Vierter Abschnitt. Der Zeitpunkt Carl des Grossen.
Fünfter Abschnitt. Fürstenrechte, welche die Carolingischen Kayser in diesem Theil ihres Reichs ausgeübt.
Sechster Abschnitt. Schicksal des Veltlins und der beyden Grafschaften, beym Uebergang des deutschen Kayserthums in die Hände der zweyten Dynastie.
Siebenter Abschnitt. Zeitpunkt der Sächsischen Kayser.
Achter Abschnitt. Epoche der Fränkischen Kayser.
Neunter Abschnitt. Nähere Anwendung der in dem letzten und vorletzten Abschnitt angeführten Geschichten und Urkunden auf Rhätien, disseits und jenseits der Alpen.
Zehenter Abschnitt. Der Schwäbische Zeitpunkt.
Eilfter Abschnitt. Zustand Rhätiens, unter den ersten Schwäbischen Kaysern.

Zweytes Buch.

Erster Abschnitt. Oberherrschafts-Rechte der deutschen Kayser über das Königreich Italien.

Zweyter Abschnitt. Oberherrschafts-Rechte des Hauses Visconti über das Herzogthum Mayland, und besonders über das Veltlin.

Dritter Abschnitt. Privilegien, welche die Beherrscher Maylands aus den obgedachten zwey Häusern, den Einwohnern des Veltlins ertheilt haben sollen.

Vierter Abschnitt. Oberherrschafts-Rechte des Freystandes der drey Bünden, über das Veltlin und die beyden Grafschaften; und zwar erstens, von der Schenkung Mastins Visconti.

Fünfter Abschnitt. Ob der Bündtnerische Freystand der Schenkung Mastins vor der Besitznehmung der geschenkten Länder, durch den im Jahr 1487. mit Herzog Ludwig dem Mohr geschlossenen Frieden selbst entsagt habe?

Sechster Abschnitt. Von der im Jahr 1512 erfolgten Eroberung des Veltlins, und der beyden Grafschaften.

Siebenter Abschnitt. Was von dem sogenannten Bündniß der 5 Capitel, welches der Verfasser des Prospetto, des Quadrio und anderer Veltlinischer Geschichtschreiber Vorgeben nach, den 13 April 1513. zwischen der Bündtnerischen Republik und dem Veltlin soll geschlossen worden seyn, zu halten seye?

Achter Abschnitt. Prüfung der Beweise, welche der Verfasser des Prospetto und Quadrio angeführt haben, die Existenz der 5 Capitel zu behaupten.

Neunter Abschnitt. Fortsetzung der vorigen Prüfung der Beweise der Existenz der 5 Capitel von Urkunden hergeleitet.

Zehenter Abschnitt. Aus dem ununterbrochenen Besitz alle Herrschersrechte auszuüben hergeleiteter Beweiß, welcher das Bündniß der 5 Capitel ganz ausschließt.

Eilfter Abschnitt. Zeugnisse damals lebender Provinzial-Geschichtschreiber, welche die Erzehlungen der Veltlinerischen Schriftsteller von den 5 Capiteln verwerfen.

Zwölfter Abschnitt. Diplomatische Beweise der Unwahrheit der Erzehlung von den 5 Capiteln.

Dreyzehender Abschnitt. Was wäre aber von diesem oder einem solchen Bündniß zu halten, wann je ein solches wäre geschlossen worden?

Vierzehender Abschnitt. Fernere Grundvesten der Oberherrschaft der drey Bünde über Veltlin, Clefen und Worms, welche auf feyerlichen, mit den Oberherren des Herzogthums Mayland nach der Eroberung dieser Länder geschlossenen Tractaten beruhen, und zwar erstens von der Cession des Maximilian Sforza, Herzogs zu Mayland.

Fünfzehender Abschnitt. Erweiß der Gültigkeit der Cession Herzogs Maximilian, aus andern mit den grösten Mächten Europens geschlossenen Tractaten und von ihnen ausgestellten Urkunden.

Sechszehender Abschnitt. Von den feyerlichen Abtrettungen des Veltlins, der beyden Grafschaften und der drey Pfarrgemeinden zu oberst am See, welche die Bündtner von der Krone Frankreich durch den ewigen Frieden und den Tractat vom Jahr 1523 erhalten.

Siebenzehender Abschnitt. Von dem zwischen Franz Sforza dem Zweyten, Herzog zu Mayland, den meisten Ständen der Schweitz und den drey Bünden ben 7 May 1531. geschlossenen Tractat.

Achtzehender Abschnitt. Beweise, daß die Rechtmäsigkeit der Oberherrschaft der Bündtnerischen Republik über Veltlin, Clefen und Worms, auch von allen Monarchen aus dem durchlauchtigsten Haus Oesterreich, die das Herzogthum Mayland nach dem Tod Herzog Franz des Zweyten beherrscht haben, durch feyerliche Handlungen anerkannt worden sey.

Neunzehender Abschnitt. Ueberblick der Resultate, die aus den oben festgesetzten Thatsachen und Grundsätzen herfliessen.

VERZEICHNIS

DER BEYLAGEN DES VIERTEN BANDS.

ERSTES BUCH.

Lit. A. Præceptum Caroli Magni de immunitate Monasterii San-Dionysiani. Datum Pridie. Idus Martias anno septimo et primo regni actum Carisiaco Palatio.

Lit. B. Præceptum Hlotharii Imperat. Augusti concessum Hlodovico Abbati St. Dionysii.

Lit. C. Præceptum ejusdem Imperatoris concessum Monacis St. Dionysii.

Lit. D. Præceptum Hlotharii Augusti pro Ecclesiæ Comensi dat. 3. non. Januar.

Lit. E. Præceptum Ottonis II. Imperatoris quo Hildiboldo Episcopo Curiensi Telloneum de Ponte Clavenasco super fluvio Mairæ donavit ann. 980.

Lit. F. Præceptum Ottonis III. concessum Waldoni Episc. Curiensi ann. 995.

Lit. G. Præceptum. Chuonradi Rom. Imperatoris dat. 13. Cal. Octob. A. D. J. 1030. Indictione 13. regni 7. Imperii 4. actum Mengelsdorf.

Lit. H. Præceptum ejusdem dat. 10. Cal. Feb. 1038.

Lit. I. Præceptum ejusdem dat. 6. Idus Junii 1038.

Lit. L. Venditio Comitatus Engadinæ facta Episcop. Curiensi ab Adelberto et Ulricho Comitibus de Gamertingen ann. 1139.

Lit. M. A. D. J. 1158. nono Calend. Decembris Indictione 7. Placitum Comitiorum Roncalienfium.

Lit. N. Literae quibus Waltherus nobilis de Vatz Theotunicos in Valle Rheni in fuam protectionem recepit die Sabati ante feft. Sancti Galli 1277.

Lit. O. Diploma Henrici VI. Imperatoris anni 1192. in quo continetur infertum per extenfum aliud Diploma Friderici I. ann. 1165. Confulibus et Comunitati Claveunae conceffum.

ZWEYTES BUCH.

Lit. P. Deditio Civitatis et Epifcopatus Cumarum facta Azoni Vicecomiti die 4 Septembris ann. 1335. 1335. ex Benedicti Jovii Hiftoria Patria quae in ampliffima collectione Scriptor. Rer. Italicarum Graevii Tom. IV. Vol. II. proftat.

Lit. Q. Donatio facta a Maftino Vicecomite Hartmanno Epifcopo et Ecclefiae Curienfi Dat. 1404. Curiae Ann. 1404. penultimo menfis Junii.

Lit. R. Conceffiones immunitatis ac privilegii liberae frugum extractionis largitae a Ducibus Mediolanui Comunitati vallis Rheni annis 1442. 1451. 1471. 1478. et 1478.

Lit. S. Conceffiones immunitatis ac privilegii liberae frugum extractionis a Ducibus Mediolanni Comunitatibus et hominibus Vallis Praegalliae, Engadinae, Saxami, Suprafaxi et Avreae largitas 1484. annis 1467. 1478. 1484.

Lit. T. Vertrag zwischen dem Hrn. Bischof von Chur und Gemeine drey Bünd, das Regiment und Einkommen des Veltlins und Clefen betreffende, Dat.
1514. *Samſtag nach St. Andreas-Tag. Ann.* 1514.
Lit. U. Litteræ Credentiales quarum ferie, Rodulfus de Marmorera ab oratoribus reverendiſſimi Domini Epiſcopi et omnium trium Ligarum Capitaneus Comiſſarius Prætor et generalis Gubernator totius Valliſtellinæ, Clavennæ et aliorum locorum conſtituitur. Datæ in Ilans d. 27.
1515. Martii Ann. 1515.
Lit. W. Præceptum Maximiliani I. Imperatoris quo Donationem Maſtini Vicecomitis ceteraque Regalia Eccleſiæ Curienſi et Paulo ejus Epiſcopo confirmat. Dat. Auguſtæ Vindelicor. die 16
1516. Octobris A. D. 1516.
Lit. X. Diplom Kaiſer Carl des Fünften, welches obiges Diplom Kayſer Maximilians in allen ſeinen Theilen, und namentlich wegen Mayland beſtätiget. Ertheilt Biſchof Paul zu Worms den 15
1521. *May 1521.*
Lit. Y. Beytritt des Gottshaus und Zehengerichten Bund zu dem Bündniſs der ganzen Eidgnoſſenſchaft mit Franz I. König in Frankreich geſchloſſen, in
1523. *Chur den 5. Hornung 1523.*
Lit. Z. Spruch des Landammann Hans Eble von Glarus und der hiezu verordneten Rechtſprecher zwiſchen dem Hochſtift zu Chur und ſamtlichem Gottshaus-Bund einerſeits und. den anderen zwey Bünden anderſeits, wegen der Regierung und den Einkünften des Veltlins und der Graffchaften Clefen

und Worms. Geben zu Chur, Montag vor Licht-
1530. meſs 1530.
Lit. A.A. Schutz - und Trutz - Bündniſs zwiſchen Franz
Sforza dem II. Herzog zu Mayland und den
Eidgnoſſen, nebſt den drey Bünden, geſchloſſen
1531. den 7 May, und ratificiert den 18 May 1531.
zu Mayland.
Lit. B.B. Memorial des Thal Veltlins an die ehrſamen
Räthe und Gemeinden gemeiner drey Bünde, ein-
1583. gereicht den 8 Juni Anno 1583.
Lit. C.C. Unvorgreiflicher Entwurf einer Verbeſſerung des
Juſtitzweſens in den Unterthanen Landen, ſamt
den Erläuterungen und dem Brief des Thalkanz-
1791. lers des Veltlins vom 20. Heum. 1791.
Lit. D.D. Brief des Hrn. Fiſcale Franceſco Maria Caſ-
1639. nedi vom 10. Juni 1639. an die Herren Häupter
und Räthe gemeiner drey Bünden.
Lit. EE. Project der Bündtner über die Ausführung des
im Brief DD. enthaltenen Vorſchlags und Gegen-
project der Veltliner.

Erstes Buch.

Erstes Buch.

Erster Abschnitt.

Lage des Veltlins und der beyden Grafschaften.

Der höchste Giebel der Alpen durchschneidet Rhätien in einer halbmondförmigen Richtung. Vom Gothard aus läuft er bis zu der Quelle des hinderen Rheins Südwest, von da bis zu dem Ursprung des Ins Westwerts, und dann bis an die Grenzen des Tirols Nordwest, fort. Ein Aug, das ihn mit senkelrechtherabfallenden Blicken aus einer grossen Höhe übersehen könnte, wurde ihn dem Scelet eines ungeheuren Fisches ähnlich finden. Die ununterbrochene höhere Hauptkette würde es dem Rückgrad, die von Strecke zu Strecke sich mitten darinnen erhebenden Bergstöcke den Wirbel-Knochen, und die immer aus diesen seitwerts herausgehenden Nebenketten, den Rippen, deren gebogene Gestalt sie meistens haben, vergleichen. Bewunderungswürdige Gleichförmigkeit der Anstalten der Natur und der Grundsätze ihrer Baukunst im grösten wie im kleinsten!

Auf der Nordseite stehen diese Gräte ziemlich regelmäßig in einer nicht zu grossen Entfernung von einander, werden, je weiter sie vom Stamm sich entfernen, je niederer und dünner, und theilen die glücklichen Bündnerischen Thäler wie in Fächer ab. Eben so senken sich die Bergketten, die das Palenserthal von Calanka, dieses von Mesox, und Mesox von der Grafschaft Clesen trennen, gegen Süden. Allein dort, wo der Rückgrad der Alpen mit seiner Rundung der schnell sich vertiefenden Ebne Italiens am meisten sich näheret, hat die Natur ihre Anstalten verdreyfacht, und die Hauptkette der Alpen in drey paralelstehende Ketten vertheilt. Zwischen dem ersten und dem zweyten, dieser Alpen-Giebel, liegt Clesen, das Bergellerthal und das Engadin; zwischen dem zweiten und dritten, das Veltlin und Worms. Erst von diesem dritten Giebel aus senken

ſich nach Süden gewandte Berg-Rippen, in eben
ſo regelmäßiger Richtung wie die nordlichen gegen
das flache Land der Venetianiſchen Lombardie,
bilden die Vall Saſſina, und die Bergamaskiſchen
und Breſſaniſchen Thäler, und verlieren ſich in
den paradiſiſchen Hügeln des oberen Italiens. Eine
Gruppe von aufeinandergehäuften Gebirgen, die
Worms und das untere Engadin von dem Tirol
trennt, faßt die drey Hauptketten wieder, wie in
einen Knoten, zuſammen, und nöthiget die reichen
aus hohen Eisbergen herabſtürzende Bergbäche
gegen Weſten zu ſtrömen. Aus dieſen entſteht die
Adda, die nicht nur das Veltlin tief ausgehölt,
ſondern vereint mit der aus dem Bergel und
der Grafſchaft Cleſen herunterbrauſenden Mera,
vermuthlich das Becken, in welchem nun der
Comerſee liegt, und die geräumige Oeffnung,
durch welche die Adda in die ebnen Felder Italiens
bringt, ausgegraben hat. Das Veltlin und Cleſen ſind alſo, auf daß wir näher zu unſerem
Zweck hinzutreten, ihrer phiſicaliſchen Lage nach,
nicht ein Auswerk des Alpengebäudes, ſondern
ein inneres Zimmer deſſelbigen. Nicht Nebenketten, ſondern die Hauptketten dieſer Gebirge

selbst umschlingen sie, und das Corp=de=Place dieser von der Natur aufgeführten Vestungswerker wäre nicht mehr ganz, wenn dieser wesentliche Theil ihm fehlte.

Sie gehören also unstreitig zu dem von der Vorsehung den Rhätiern angewiesenen Wohnplaz. Aber der von der Abda ausgespühlte Canal ist ein weites offnes Thor, durch welches man aus Italien in diese Thäler dringen kann. Der Zugang von daher ist leichter und bequemer, und minder den Hindernissen der Jahrszeiten untergeordnet als jener, der die Verschanzungen der Alpen übersteigen muß. Immer ist Erdbeschreibung ein Hauptschlüssel der Geschichte; und diese Lage des Veltlins und des noch tiefer im Schoos der Alpen gelegenen Clefens weissaget und erkläret uns alle die Staatsveränderungen, die diese Thäler betroffen haben.

Diese Bemerkung wird vieles beytragen, einen jeden Forscher der Wahrheit in den Stand zu stellen, die Geschichte dieser Thäler und die darauf sich gründenden Rechte ihrer Beherrscher aus dem rechten Gesichtspunkt zu beobachten. Man erlaube mir also einen flüchtigen Blick in die

entfernteren Zeiten, wobey ich mich aber sehr in
Acht nehmen werde, mich von meinem Vorgänger Quadrio nicht verleiten zu lassen, die älteste Asche der Vergessenheit aufzulaugen, und daraus durch eine sonderbare Palingenesie Schattenbilder von Staaten und Nationen hervortreten zu lassen, oder gar das Veltlin in den Eyerstock der Eva, aus welchem alle Völker entstanden sind, umzuschaffen.

Zweyter Abschnitt.

Rhätische Epoche.

Unstreitig war das Veltlin ein Theil des alten Rhätiens. Ob der älteste Hauptsitz dieses Volks, das Domleskerthal, wie die Bündnerischen Geschichtschreiber glauben, oder das Veltlin, wie Quadrio behauptet, oder Vilten, wie Roschman will, oder Trident, nach der Meynung des Hrn. Baron Creßeri gewesen sey, ist schwer zu bestimmen, und thut nichts zur Sache. Vielleicht hatten diese Alpenbewohner gar keinen Hauptsitz, keine gemeinſame Regierung, und keine andere Verbindungen als den gleichen Freyheitsſinn, den ihnen die Schnellkraft ihrer friſchen Bergluft und Armuth und Einfalt der Sitten, ohne welche keine Freyheit möglich iſt, einflößten. Aber das mächtige Rom lag dieſer freyen Nation zu nah. Flüchtlinge, die ſich vor dem Dolch der Proſcriptionen zu ihr retteten, brachten Verfeinerung der Sitten und Bekanntſchaft mit vielen eingebildeten Bedürfniſſen dahin, und nun war es den Römiſchen Legionen, die ſie unter der Anführung der beyden Stiefſöhnen Auguſts von Süden und Norden her auf einmal anfielen, deſto leichter ſie zu bezwingen, und in eine römiſche Provinz zu verwandeln.

Dritter Abschnitt.

Römische Epoche bis auf Carl den Grossen.

Das Veltlin blieb in dieser ersten Staatsrevolution wie vorhin mit Rhätien verbunden, und war ein Theil der neuen Provinz, die den Namen Rhætia prima erhielt. (1)

Odoaker, an der Spitze seiner Heruler, vernichtete zwar das abendländische Kayserthum, da er aber durch Rhätien in das obere Italien eingedrungen war, und also jenes, eben sowohl als dieses, beherrschte (2), so blieben unter seiner Regierung, und unter dem Scepter der ersten Ostgothischen Könige, als diese die Heruler verdrängten, beyde Provinzen ungetrennt, und ihre Grenzen unentschieden.

Mit der grösten Sorgfalt besetzten diese Völker die Alpen, die sie als eine Schutzwehr gegen die mächtigen nordischen Nationen ansahen (3). Aber aus dem nemlichen Grund ruhten die Franken, die nach dem Sieg bey Zulpich diesen kriegerischen Schauplatz betraten (4), auch nicht bis sie den Schlüssel Italiens in ihrer Gewalt hatten, und endlich gelang es ihnen, unter der Regierung Theodoberts, um das Jahr 536, sich der engen Päffe der Alpen zu bemeisteren (5) Ein Vorstreich, den sie bald darauf nützten, um die Langbarten, als sie sich nicht lang hernach im oberen Italien festgesetzt, von dieser ihrer Bergfeste aus, mit Vortheil zu bekriegen. (6)

Die schon angemerkte Lage des Veltlins und der übrigen gegen dem Comersee zu offnen Thäler, machte sie zum Kriegstheater dieser streitbaren Nationen. Dem Angrif, der durch bequemere Wege eindringenden Langbarten, und der, von mehr als einer Seiten von der Höhe der Bergen herabstürzenden Franken, gleich ausgesetzt, war dieses unglückliche Geländ ein Raub beyder Völker, und keines von beyden eigentliche Besitzung (7). Es ist also leicht es sich zu erklären, warum man zu den Zeiten des langbartischen Reichs Urkunden antrift, die Schenkungen enthalten, welche von dessen Beherrscheren, den

Kirchen von Mayland und Como, von Besitzungen, die im Veltlin gelegen waren, gemacht worden; und dann auf der anderen Seite in dem Testament des im Jahr 761. verstorbenen Bischofs Tello von Chur findet, daß er Bulium, und sogar das Burgum Franconis, aus welchem Quadrio Differtationi, Tom. I, bald die Veste Fuentes, p. 130, bald die Stadt Vulturnia, p. 468. macht, besessen habe. (8)

Vierter Abschnitt.

Der Zeitpunkt Carl des Grossen.

Carl dem Grossen ware es vorbehalten, die nächst an den Mündungen der Alpen gelegenen Thäler von der gepreßten Stellung, in welcher sie sich bis dahin befunden hatten, zu befreyen. Ein einziger Feldzug seines siegesgewohnten Heeres unterwarf ihm das ganze Reich der Langbarten im Jahr 773. und 774. Nun gehorchten ihm sowohl die Süd= als die Nordseite der Alpen. Sie waren nicht mehr die äusserste Vor=

mauer des Fränkischen Reichs, und die lang nicht genossene Friedenssonne erlabte sie nun wieder mit ihrem ermunternden Glanz und mit ihrer stärkenden Wärme. Sobald Carl diese grosse Eroberung vollendet hatte, liesse er es seine erste Sorge seyn, dem Herrn einen Theil von demjenigen, so er ihm beschert hatte, zu heiligen. Das Thal Veltlin hatte die Ehre zu einer solchen Opfergabe bestimmt zu werden, da es dieser Sieger, noch ehe er von der Wahlstadt abtrat, dem Kloster des heiligen Dionys, nahe bey Paris, seinen Hausgötteren, hätte ich bald gesagt, schenkte. Wenigstens scheint die deswegen im ersten Jahr seines Langbartischen, und im siebenden seines Fränkischen Reichs ausgestellte Urkund dieses anzudeuten, und ihm die Eigenschaft einer Gott geweihten Siegesbeute beyzulegen. Diese Urkund ist sehr merkwürdig, und steckt der Staatsgeschichte des Veltlins in diesen entfernten Zeiten ein Licht auf, das wir bey den gelehrten Kartenhäuseren die Quadrio, aus oft schief verstandenen, oft übel ausgelegten, immer nur im vorbeygehen gesprochenen Worten uralter Geschichtschreiber, sich erbaut hat, stets vermissen.

Für ihre Authenticität stehen uns die drey Diplomen, fast des nemlichen Innhalts, die Kayser Lotharius, der Enkel Carls, ausgefertiget hat, von welchen ich die zwey wichtigsten den Beylagen ganz einverleiben werde. Es stehen uns dafür die Geschichtsschreiber der Abtey St. Denis, Doublet und Fellibien, welche sie der gelehrten Welt bekannt gemacht haben: vornemlich aber steht uns dafür der grosse Kenner der Urkunden Mabillon, der diese Urkunden selbst mit seinen geübten scharfsehenden Augen untersucht und ächt befunden hat, und der der ganzen Brut der diplomatischen Sceptiker zuruft: Caveant illi qui veterum id genus monumentorum fidem et authoritatem, vel universim, vel maxima ex parte ob levissimas ratiunculas, et deficultates elevare contendunt, ne illi maximam toti Reipublicæ injuriam, et perniciem important Lib. de re Diplomat. Supplement. p. 1.

Warum ist dann Quadrio, der so viele einzelne Körner der Geschichte des Veltlins, und darunter so viel Tauben Waizen nachgelesen, der, wie wir aus seiner zweyten Dissertation des zweyten Theils, § IV, gleich Anfangs wissen, von den Rechten der Abtey St. Denis über das Veltlin wenigstens Spuren gehabt hat, bey diesem Haufen des besten Waizens vorbey gegangen? Ich weiß es nicht; ich werde ihn aber nicht nachahmen, ich werde vielmehr auf diese Urkunden vorzüglich fussen. Denn eben so nothwendig es ist sich in Acht zu nehmen, daß man durch unächte Diplomen nicht hindergangen werde, eben so sehr ist es Pflicht, wann man ächte ausgefunden hat, als auf eine documentierte Geschichte darauf zu bauen (9)

Nach Erfüllung dieser ersten Pflicht wiedmete Carl die Muße, die ihm seine Siege verschaft hatten, der rühmlichen Beschäftigung, sein Reich Italien zu ordnen. Er berichtigte die zwischen Stadt und Stadt, Gebiet und Gebiet seit langer Zeit streitigen Grenzen, folgte dabey dem Wink der Natur, und setzte seine Marchen dahin, wo die Hand der Allmacht Bergketten aufgethürmet, Thäler ausgehölt, See hingegossen, und Flüsse strömen hieß, folglich die Gränzlinie schon selbst gezogen hatte (10)

Diesem Grundsatz zufolg hätte man allerdings

erwarten sollen, daß er das Veltlin, wie es wirklich ist, als einen Theil der Alpen ansehen, und es aus diesem Grund der Provinz Rhätien zumarchen würde. Allein die obgedachten Urkunden des Klosters St. Denis belehren uns von dem Gegentheil, und entziffern uns die Ursach dieser Abweichung von seinen allgemeinen Grundsätzen.

Noch ehe er an Abtheilung und Ausmarchungen seines Reichs Italien gedachte, hatte Carl dieses Ländgen als einen Theil seiner neuesten Eroberungen zu einem Dankopfer ausgesonderet, es demnach in der angeführten Urkund den Lombardischen Provinzen zugezehlt, und von diesem Ausspruch wollte er nicht abweichen. Veltlin blieb also ein Theilgen des Königreichs Italien; aber Triedent, Clefen und Bellenz blieben unstreitig wesentliche Theile des alpischen Rhätiens. Dieses beweißt erstens das Testament Carl des Grossen, oder wenn man lieber will, die Ländertheilung, welche er mit Beystimmung der Häupter der Franken im Jahr 806, zwischen seinen Söhnen festgesetzt und nach Rom gesandt, wo sie der Pabst Leo III. bestätiget, und mit seiner

Unterschrift bekräftiget hat. Wider dieses Testament streut zwar unser Verfasser des Prospetto Zweifel ein, da doch nicht nur Eginhard, der Geheimschreiber und fleissige Geschichtschreiber Carls, sondern das einstimmige Zeugniß der ältesten Schriftsteller vor die Wirklichkeit alles dessen, was ich davon gesagt habe, Bürge ist (11), Naukler, Baronius, Tschudi, du Mont, Bünau und Muratori, genaue Abschriften dieser Urkunde gelieferet haben, und dieser letztere die Wahrheit und Wirklichkeit derselben mit so siegreichen Gründen gerettet hat, daß die Aufwärmer der alten Zweifel mehr unser Mitleiden als eine fernere Antwort verdienen (12)

In dieser nicht mehr zweifelhaften Urkund steht es, laut Muratori Eintheilung, im dritten Capitel: dem Pipin soll der Aus- und Eingang in Italien durch die östlichen Alpen und durch Chur zugehören, exitus et ingressus per noricas Alpes, et per Curiam. Ist das nicht ein unumstößlicher Beweiß, daß die engen Pässe der Alpen, folglich Clefen der Schlüssel Italiens, wo die Clausen waren, wie aus dem Diplom Carls vom Jahr 803, nnd anderen Urkunden der nachfolgenden Kayser, die ich weiter unten anführen werde, klar ist, zu Chur gehörte? Denn hätte diese Clauß, dieser eigentliche Ingressus in Italien, zu Como gehört, so würde die Urkund Comum nicht Curiam genannt haben.

Ein zweyter Grund, der uns in der Meinung bestärkt, daß Clefen und Bellenz zu dem im Testament Carls erwehnten Ducatu Curiensi gehört habe, liegt in der verschiedenen Sprach, welche die Carolingischen Diplomen führen, wann sie vom Veltlin, und wann sie von Clefen und Bellenz reden; vom ersten sagen sie, es liege in Italia quæ dicitur Lombardia (13), in regno Longobardorum (14), in regno Italiæ (15); von dem zweyten sagen sie dieses niemals, wie man aus den Urkunden der Kirchen von Como vom Jahr 803. (16), und 824. (17) ersehen kann. Ja in diesem letzten Diplom ist vom Veltlin und von Clefen die Rede; vom ersten wird ausdrücklich gesagt, es seye in Ducatu Mediolanensi, vom zweyten aber diese Bemerkung weggelassen. Ein auffallender Unterscheid, der deutlich beweißt, daß diese zwey Thäler nicht in der gleichen Provinz gelegen waren.

Ich glaube also mit zimlicher Zuverläßigkeit behaupten zu können, Carl der Grosse habe seine Gränzlinien zwischen dem Königreich Italien und dem Herzogthum Rhätien, längst dem Giebel der mittleren Hauptkette der Alpen, mitten durch den ungeheuren Eisberg, der Veltlin, Puschlaf, und Worms von Clefen, Bergel und Engadin trennt, durchgezogen, so daß die ersteren Italien, die letzteren Rhätien zugezehlt worden, und die uralte Landmarch in Sasso Olzascho, die in eben dieser Richtung gegen diesen Berggiebel hinweiset, sey damals an den grossen Hauptpaß von Deutschland nach Italien hingesetzt worden, wo sie noch jetzt zwischen Clefen und der Grafschaft Como Grenzmarch ist.

Die Grenzen des Veltlins waren also in diesen entfernten Zeiten gegen Norden die obbemerkte Mittelkette der Alpen, gegen Osten die Fortsetzung dieser Kette, die sich vom Umbrail aus gegen Südost drejt, und Worms von dem Vingstgäu sondert, und gegen Abend der Comersee. Das erstere beweisen, die schon angeführten Diplomen, und an dem letzteren läßt uns ein ander Diplom nicht zweifeln, durch welches Kapser Lotharius

dem

dem Abt Hilduin zu St. Denis, die Befreyung eines Markts, so zu Henohim im Veltlin, am Ufer des Comersees, gehalten werden sollte, ertheilt hat. (18)

Fünfter Abschnitt.

Fürstenrechte, welche die Carolingischen Kayser in diesem Theil ihres Reichs ausgeübt.

Bey Festsetzung dieser Landmarchen hatte Carl der Grosse nicht die gewöhnliche Absicht solcher Grenzberichtigungen, die Schmälerung seines Gebiets zu verhüten. Marchen zwischen Italien und Rhätien wären in diesem Fall unnöthig gewesen. Er besaß sowohl das einte als das andere dieser Reiche. Seinem Sohn Pipin übergab er laut der erwehnten Ländertheilung beyde, und sogar seine Nachfolger überliessen in der zweyten im Jahr 843 erfolgten Zerstückung des Fränkischen Reichs, eben sowohl das Herzogthum Rhätien als das Königreich Italien dem

Kayser Lotharius (19), welcher im Jahr 855 beyde seinem Sohn Ludwig zutheilte (20). Der eigentliche Endzweck dieser Ausmarchung war vielmehr, allen Verwirrungen in dem inneren dieses weitläufigen Reichs vorzubauen, und den Verwalteren, sowohl der Gerechtigkeit als der oberherrlichen Einkünfte, die man jeder Provinz ins besondere vorgesetzt hatte, genau abgemessene Schranken vorzuschreiben. Die Gerechtigkeit wurde, in Ansehung der höheren Judicatur von den Grafen, in Ansehung der niederen Gerichte von Richteren, die verschiedene Namen führten, verwaltet (21). Solche Grafen waren in Rhätien die Grafen von Chur (22), die Grafen von Laax (23), die Grafen von der Landquart (24), die Grafen von Masax, von Feldkirch, von Wertenberg (25), und die Grafen von Clesen (26), vom Bergel und von Bellenz (27). Grafen und Richter hiengen lediglich von dem Kayser ab, wie man aus den in der Anmerkung N°. 21. angeführten Gesäzen, und was Veltlin und Clesen anbetrift, aus den bey N°. 9. 14, 15. 17, angemerkten Urkunden, ersieht. Die oberste Gerichtsbarkeit blieb also immer in den Händen des Kaysers, welcher die Richter, laut dem in dem angeführten 18ten Gesätz enthaltenen Vorbehalt durch Missi, oder eigene dazu delegierte Oberrichter, so oft er es gut fand, sindicieren liesse.

Daß diese Oberherren das Fürstenrecht der Gesätzgebung nicht versäumt, beweisen die obangeführten Gesätze dieses Monarchen: die zu den Lombardischen und Salischen Gesätzen gemachte Zusätze, und alle sogenannte Capitulares, die er an verschiedenen Orten in den Jahren 780, 781, 786, 789, 793, 794, 797, 799, 800, 802, 803, 804, 805, 806, 807, 808, 809, 810, 811, 812, 813. bekannt gemacht hat. Alle Gesätze seiner Söhne Pipin und Ludwig, seines Enkels Lothar und seines Urenkels Ludwig des Zweyten, so Goldast, Baluzius und le Cointe gesammelt haben, und aus welchem Niclaus Boerius einen ganzen Codex der Lombardischen Gesätze gebildet hat, die man in vielen Stücken als Quelle und als Grund der Mayländischen, Veltliner- und Clefner-Statuten ansehen kann, und die zum Theil noch in Kräften sind, wie Boerius in der Vorrede über diese Gesätze aus

Lib. 2. Feudor. Tit. 1. und anderen Stellen der Feudal= und Canonischen Rechten erweiset. Es beweisen es besonders, in Ansehung des Veltlins und Clefens, die angeführten Diplomen, welche Præcepta, das heißt Placita Principis, enthalten, und daher eine Handlung der gesätzgebenden Macht des Landsfürsten sind.

Am allerwenigsten vergassen aber Carl und seine Nachkommen, von den ihrem Scepter unterworfenen Völkeren, die landsfürstlichen Gefälle und alle Arten von Regalien zu beziehen.

Die Frage, worinn eigentlich diese landsfürstliche Gefälle bestanden? könnte man aus den angeführten Gesätzen, Capitularen und Geschichtschreiberen weitläufig beantworten; da ich aber nur die Geschichte des Veltlins und der beyden Grafschaften schreibe, so werde ich mich an die gedachten 6 Diplomen des Bistums Como, und der Abtey von St. Denis allein halten, und den Winck nutzen, den sie uns hierüber geben. Laut diesen Urkunden bezogen die Carolingischen Kayser und Könige, oder diejenigen, denen sie dieses Recht überlassen hatten. Erstens. **Kriegssteuren.** Diese nennt die Urkund, Beylag Lit. A,

Manſionēs, Einquartierungen et paratas, Etapegelter; und die Urkund, Beylag Lit. B, ſetzt noch hinzu, Fideijuſſores tollere, Geiſel wegen Lieferungen ausheben, worinnen dann unſtreitig die in den Fränkiſchen Rechten bekannten Fodra, Proviantlieferungen einbegriffen ſind.

Zweytens. **Gerichtsbarkeitsgefälle.** Vus diſtrigendi und Freda heiſſen ſie in den Urkunden Lit. A und B, das iſt Civilgerichtszwang, und in peinlichen Fällen, Geldbuſſen, oder beſſer, Compoſitionen; dann laut den angeführten Geſätzen der Carolinger, mußte ſich der Verbrecher mit dem Richter, wegen ſeinem Verbrechen, um eine Summe Gelds einverſtehen (29), von welcher ein gewiſſer Theil der fürſtlichen Kammer zugehörte (30).

Drittens. **Grundſteuren,** Tributa nennt es die Urkund Lit. B, und die angeführten Geſätze erklären es uns, daß dieſe Tributen auf den Grundſtücken haftende, dem König zugehörende Auflagen waren (31), die ſehr beträchtlich ſeyn mußten, da die Urkund, Beylag Lit. C, dem Oberherrn das Eigenthum aller ſteurbaren Weinberge, Kaſtanienwälder, Wieſen, Waiden, Oehlgärten,

Aeckeren, Baumgärten und Weidenpflanzungen zuschreibt. Und in den Schenkungen vom Jahr 803. und 824. Berizonem plebem Comitatum et Diſtrictum, Volk, Grafſchaft und Gebiet, ja, Gegin cum ipſo Loco, will ſagen wie es Goldaſt Rer. allemanicar. Tom. I, P. 2, pag. 253. auslegt, Gegend mit dem Wohnort ſelbſt begriffen iſt.

Viertens. Frohndienſte, ſammt Fall=Recht, Faßnachthennen, und allen den vielfältigen Gebühren, die leibeigene Leute zu den Zeiten des Carolingiſchen Reichs ihren Oberherren zu leiſten ſchuldig waren (32). Dann die Urkund Lit. B, beweißt, daß ein Theil der Einwohner des Veltlins, homines Servi, Leibeigene waren; und die Urkund Lit. C, rechnet die Mancipia utriuſque Sexus, oder Sclaven, männlichen und weiblichen Geſchlechts zum Eigenthum des Oberherrn.

Fünftens. Regalien, Teolonium, Waarenzoll, Mercatum, Meßgebühr, Pontem, Bruckzoll, Cluſas, Ein= und Ausfuhrzoll, Portum, Stapfelrecht oder Suſtpfenning (33), heißt es in den Urkunden vom Jahr 803 und 824, und die Urkund Lit. C, ſetzt hinzu, aquis, aquarum decursibus, molendinis, exitibus, Wasserrecht, Floßrecht, Zwangmühlen (34), Ausfuhren oder Ausfuhrzöllen, und endlich kommt in den Urkunden Lit. A, B, und N°. 18. noch der allgemeine Ausdruck redhibitiones im weitläufigsten Verstand, und in der Urkund Lit. C, das ebenfalls alles einschliessende Machtwort cum omnibus regressibus vor, durch welches unstreitig alle Gefälle, Regalien und Pflichtleistung, welche die Fränkischen Könige von ihren Unterthanen einzuforderen gewohnt waren, verstanden sind (35), ohne in den Capitularen Carls und seiner Thronfolger nachzuschlagen; worinnen diese bestanden seyen, finden wir in dem vortreflichen Kenner und Forscher der Alterthümmer Sigonius eine vollständige und bestimmte Beantwortung dieser Frage. Die Tributen, spricht er, welche die Fränkischen Monarchen eingeführt hatten, bestuhnden in folgenden: Proviantlieferungen, Etapegelder, Einquartierungen, denn die Oberherrschaft der Könige über alle Grundstücke gieng so weit, daß alle ihre Früchte, die Pflugthiere, und das Saamkorn allein ausgenommen, in so weit sie dieselbige zu Unterhaltung ihrer Kriegsheere nöthig hatten, ihnen zu Befehl stunden. Ferner, Regalien als Würden, Herzogthümmer, Markgrafschaften, Grafschaften, Hauptmannsschaften, grössere und kleinere Lehen, Grundstücke, Durchfuhrzölle, Waarenzölle, Sustengeld, Strandrecht, Weggeld, Münzregale, Fischerey, Zwangmühlen, Salzhallen, Wasser= und Flößrechte, aller daher kommende Nutzen, und was dergleichen mehr war (36). So weit Sigonius dessen Worte mit demjenigen, was wir oben aus sechs Carolingischen Diplomen angemerkt haben, genau übereinstimmen, und mit einander vereint eine ausführliche Beschreibung der Fürstenrechte ausmachen, welche die Carolingischen Kayser als Könige von Italien im Veltlin, und als Herzoge von Rhätien in den Grafschaften Clefen und Bellenz besessen haben; denn wären diese Rechte nicht ihr Eigenthum gewesen, so hätten sie dieselben an die Kirchen zu Como und an die Abtey St. Denis nicht vergeben können.

Sechster Abschnitt.

Schicksal des Veltlins und der beyden Grafschaften, beym Uebergang des deutschen Kayserthums in die Hände der zweyten Dynastie.

Daß die Vergabungen einiger Districte und Wohnorte an geistliche Stiftungen, oder weltliche Personen, zu den Zeiten der Carolinger, die festgesetzten Ländermarchen der verschiedenen Provinzen nicht verrückt haben, brauche ich zu der Zeit, da die angeführten Diplomen vor uns liegen, nicht zu erinneren; denn eben so wenig das Präceptum Carl des Grossen, zu Gunsten des Klosters St. Denis, vermögend war, das Veltlin in Frankreich zu versetzen, eben so wenig konnte die Schenkung Elefens an die Kirche zu Como die Grenzen des italiänischen Königreichs, über die ihnen gesetzten Marchen, ausdehnen.

Zwey Staatsmaximen der deutschen Kayser aus der ersten Dynastie, hinderten diese Abänderung der Grenzen und die Verwirrungen, die daraus hätten entstehen müssen. Ihre Vergabungen betrafen eigentlich nicht das Land selbst, oder das Eigenthum, sonderen nur die Nutzung desselben. Die Einkünfte vertraten der begabeten Person die Stelle einer Pension oder eines Gehalts für die Dienste, die sie ihrem Herren, entweder im Feld mit leiblichen, oder in der Kirchen mit geistlichen Waffen, Gebet und Flehen vor seine Wohlfahrt, leisteten. Sie waren also zu den Zeiten der Carolinger immer das, was man nachher in den Feudalrechten mit dem Namen Feudum Guardiæ et Guastaldiæ bezeichnete (37). Die Besitzer dieser Benefizien wurden als Verwalter, Aufseher, Beständer, Lehenleute oder Hausvögte angesehen, und genossen die Einkünfte nur als eine Gabe, die man ihnen zu allen Zeiten entziehen konnte, sagt der gelehrte Cujacius (38), der zum Beweise die Gesätze Carl des Grossen anführt. Eine Uebung, welche diese alten Nationen mit den noch älteren Morgenländeren gemein hatten. Denn Bodin versichert das nemliche von den alten Türken (39), Molina von den Japaneren (40); und Plutarch erzählt uns in seinem

Themistocles, Xerxes habe dem griechischen Helden fünf Städte angewiesen, wovon ihn drey mit Lebensmitteln, und zwey mit Kleidung zu versorgen, schuldig waren.

Aus dieser ersten Staatsmaxime folgte in Ansehung dieser Schenkungen die zweyte. Sie waren nicht auf immerhin gemeint, sondern daurten nur so lang als es das Beste des Staats gestattete, und das Wohlverhalten der Begnadigten erforderte.

Sie waren ad nutum removibilia, wie sich der Cardinal Cusani ausdrückt (41), und es hieng, laut dem deutschen Text der Feudalrechte, lediglich von der Willkühr des Oberherrn ab, die ihren Unterthanen zum Genuß überlassenen Güter und Rechte wieder zu Handen zu nehmen (42), ja im Grund wurden sie ihnen nur von Jahr zu Jahr verliehen (43). Diese äusserste Strenge der Rechte zu mildern, und das forchtsame Gemüth der Geistlichen zu beruhigen, sind in einigen an geistliche Stifter gemachte Vergabungen, die zu den Zeiten der Carolingen eben so rechtswidrige als barbarische Wörter, æternaliter und perhenniter eingeschalten worden. Diese dispensirten zwar den Begabten von der jährlichen Ersehung des Geschenks, aber benahmen dem Oberherrn das Recht, nicht darüber nach freyer Willkühr zu verfügen, und dieser Ewigkeit so enge Schranken zu setzen, als er wollte. Durch diese Erklärung allein kann man diejenigen Carolingischen Diplomen, die einen solchen Ausdruck enthalten, vor dem Verdacht, daß sie unterschoben seyen, retten. Dann Mabillon sagt ausdrücklich, ein jedes Diplom, durch welches Land und Leut vor dem Jahr 926 in Frankreich, und vor dem Jahr 919 in Deutschland, als Eigenthum vergabet werden, sey gewiß unächt (44), welches alles das Wort Beneficia vor sich selbst andeutet (45). Beyspiele, daß die Carolinger diese ihre freye Gaben, sowohl geistlichen Gestifteren als weltlichen Personen, wieder entzogen, und sie an andere verschenkt haben, könnte ich die Menge anführen; ich begnüge mich aber, meine Leser, nur auf dasjenige aufmerksam zu machen, was wir in den oft erwehnten Urkunden vor uns haben. Kraft dem Präceptum, Beylag Lit. A, heißt es, das ganze Veltlin sey dem Gotteshaus des heiligen Dionys geschenkt worden, Vallistellina quam moderno tempore ad ipsam casam Dei (Domini Dionysii) delegavimus. Daß zugleich mit der Nutznieſſung aller der oben weitläufig angeführten Fürſtenrechten, auch der Kirchenſatz und das Kaſten-Vogtey-Recht aller Pfarrkirchen des Veltlins der gedachten Abtey übergeben worden ſey, iſt auſſert allem Zweifel geſetzt. Denn Fellebien führt eine Bulle Pabſt Adrian des Erſten an, durch welche er aus Betrachtung der obgedachten Schenkung, das Veltlin dem Kirchenſprengel des Biſtums Como entzogen, und es als ganz exempt, der Abtey allein unterworfen (46). Wie hätte nun Lothar, im Jahr 824, durch das Diplom L. D., die Pfarrkirchen zu Mazzo, zu Worms, zu Puſchlaf, und das Kloſter des heil. Fidels, der Abtey entreiſſen, und dem Biſtum Como übergeben können? Und wie hätte der nemliche Kayſer zwanzig Jahre nachher dieſes Beneficium durch das Diplom Lit. C, aufheben, und dem Kloſter St. Denis dasjenige, was er ihm entzogen hatte, wieder erſtatten können, wenn ſolche Beneficia nicht ad nutum removibilia geweſen wären? Dieſe Vollmacht der Carolingiſchen Kayſer gereichte indeſſen dem Biſchof zu

Como und dem Abt zu St. Denis zu keinem ferneren Nachtheil. Wenigstens existiert, so viel ich weiß, keine Urkund dieser Fürsten seit Lothars Zeiten, die eine fernere Vergabung des Veltlins oder der Grafschaft Clefen enthalte.

Was aber die Fürsten nicht thaten, das thaten die eigenen Gewaltshaber und Ministerialen des Klosters St. Denis, welche allem Anschein nach, in dem ihm so abgelegenen Veltlin nach ihrer Willkühr wirthschafteten, und sich nach und nach alle seine Güter und Gefälle zueigneten. Dieses scheint wenigstens, die laut Quadrio in dem Archiv der Kirchen des heil. Ambrosi zu Mayland befindliche Urkund anzudeuten (47). Ist diese meine Muthmassung richtiger oder doch wahrscheinlicher, als die Vermuthung des gedachten Quadrio: Lothar oder sein Vater haben dem Kloster von St. Denis diese Grundstücke entzogen, und sie einem weltlichen Herren geschenkt, so giebt sie uns einen Wink, zu welcher Zeit und auf welche Weise die Abtey St. Denis um ihre Besitzungen im Veltlin gekommen sey.

Clefen war Como zwar näher und gelegener, aber in stürmischen Zeiten konnte ein so wichtiger

Paß, ein Schlüssel Italiens, nicht in den Händen unbewehrter Geistlichen verbleiben. Daher, als sich Berengarius und Wido gleich nach dem im Jahr 888. erfolgten Tod, Carl des Dicken, des Königreichs Italien bemeisterten, und Arnulf hingegen seine Herrschaft in Rhätien befestigte, wie es aus mehreren Diplomen dieses Königs klar ist (48); so bestrebte sich jede der kriegenden Partheyen, die Clausen und das feste Schloß zu Clefen in ihre Gewalt zu bekommen. Und da Arnulf in den Jahren 894. und 896. aus Schwaben durch die Rhätischen Pässe in Italien eingedrungen, so scheint es, er habe diese Absicht erreicht (49). Nach seinem im Jahr 900. erfolgten Tod, überschwemmten die wilden Horden der Madscharen, von Bayeren und Schwaben aus, ganz Rhätien; und der unmündige Sohn Arnulfs, dessen Vormünder unter sich uneinig waren, befand sich ausser Stand, den Streifereyen dieser Barbaren Einhalt zu thun. In dieser Verwirrung war es Ludwig, König von Provence, der sich im nemlichen Jahr des Königreichs Italien bemächtiget hatte, ein leichtes, das Schloß und die Landwehr zu Clefen zu eroberen. Er that es, und um das Herz der Geistlichkeit zu gewinnen, schenkte er gleich im nachfolgenden Jahr der Kirchen zu Como, nebst anderen Einkünften zu Lugano und Lucarno, auch die Graffschaft, Gebiet, und Sustgeld (Portum) zu Bellenz; und den Chorherren zu Como, Bruck= und Ausfuhrgeld, Clusas et Pontem, zu Clefen. Ein sicherer Beweiß, daß schon eine Zeit her sie aufgehört hatten, diese Einkünfte zu beziehen (50). Im Jahr 917. wurde Burkhard, Graf von Buchhorn, von Kayser Conrad dem Ersten, mit Einwilligung der Grossen des Reichs, zu der Würde eines Herzogen von Allemanien, so Schwaben und Rhätien enthielte, erhoben (51). Er war schon vorher, sowohl wegen seiner Herkunft, als wegen seinen persönlichen Eigenschaften, eine Zierde des deutschen Adels, und nun stieg er durch die ihm zugetheilten Güter und Rechte, zu einer solchen Stuffe des Reichthums und der Macht empor, daß er den mächtigen König Rudolf von Burgund, in einem blutigen Treffen, nahe bey Kyburg, überwand, und ihn nöthigte, seine Freundschaft zu suchen. Rudolf erhielt nebst dieser auch die Hand der

Tochter

Tochter Buchards (52), die unter dem Namen der Königin Bertha, wegen ihrer Häuslichkeit und guten Wirthschaft in den Geschichten berühmt worden ist (53). Auf die Unterstützung eines so mächtigen Schwiegervaters kühn, wagte nun Rudolf die Eroberung des Königreichs Italien (54). Die Schwaben und Rhätier stürzten wie ein Waldstrom von den Rhätischen Alpen herab, indem Rudolf die westlichen überstieg, und schon vor dem Ende des Jahrs 922. waren die blühenden Fluren und reichen Städte Italiens seine Beute. Gewiß verlor damals die Kirchen von Como ihre Einkünfte zu Bellenz und Clefen abermals. Ob die Urkund vom Jahr 937, die in Tatti, Tom II, p. 798. steht, kraft welcher Hugo und Lothar der gedachten Kirchen, diesen Bruck- und Ausfuhrzoll neuerdings schenkten (55): ächt sey oder unächt, wie es Quadrio behauptet; und ob man einer anderen Schenkung Lothars, des nemlichen Innhalts, so im Jahr 950. gegeben ist, mehr glauben beymessen könne (56), lasse ich dahin gestellt. Sind sie ächt, so beweisen sie was ich oben behauptet habe: daß die ganze Zeit der Trennung des italiänischen von dem deutschen

Reich hindurch, die Grenzvestungen Clefen und Bellenz ein Apfel der Zweytracht gewesen, die bald die Welschen den Deutschen, bald die Deutschen den Welschen entrissen haben.

Nun erweckte, wie Luitprand es ausdrücklich behauptet (57), die Vorsehung einen Helden, der dem zertrümmerten deutschen Kayserthum seinen vorigen Glanz gab, und das davon abgerissene Königreich Italien wieder damit vereinigte. Dieser war Otto der Grosse, den Lehman mit Recht einen zweyten Carolum Magnum nennt (58). Er war es in der That, auch in Ansehung der zwischen Italien und Rhätien gelegenen Länder, die er, wie jener, durch die Vereinigung des deutschen und des italienischen Reichs beruhigte, und worinnen er, wie Sigonius ausdrücklich versichert, das Ansehen des deutschen Reichs und alle von den Franken eingeführten Fürstenrechte, wieder herstellte (59). Es lohnt sich also der Mühe dieser Haupt-Epoche unserer Geschichten, einen eignen Abschnitt zu wiedmen.

Siebender Abschnitt.

Zeitpunkt der Sächsischen Kayser.

Heinrich der Vogler, und sein Sohn Otto der Grosse, waren zu muthig, und wußten die mit der Würde eines Königs der Deutschen, zu welcher sie die Wahl der Fürsten erhoben hatten, verbundenen Pflichten zu wohl, um den Verlust des Königreichs Italien, und des zufälligerweis damit verbundenen kayserlichen Titels, mit gleichgültigen Augen anzusehen. Die Schritte, die Heinrich der Erste gethan, um sein Ansehen und Anhang in dem Herzogthum Rhätien zu vermehren (60), beweisen, daß er Absichten auf Italien hatte. Allein Fehden, und innere und auswärtige Feinde, und weise Anstalten vor die Sicherheit Deutschlands, wozu man die Erbauung verschiedener haltbaren Städte vornemlich zehlen muß, verhinderten ihn lange an der Ausführung dieses Vorsatzes; und als er endlich sich dazu anschickte, überraschte ihn der Tod. Otto übernahm nebst dem Reich auch die Pflicht und den

Vorsatz, es zu ergänzen. Mit der Klugheit eines grossen Regenten machte er alle Anstalten, um Italien nicht nur mit Vortheil anzugreiffen, sondern es dann auch, nachdem er es erobert hätte, trutz der Wankelmuth der Italiener und ihrer Abneigung gegen jede fremde Herrschaft, zu behaupten. Vollkommen Meister der Päße, der Alpen, und der Herzen ihrer Bewohner zu seyn, war das kräftigste Mittel, um diesen Endzweck zu erreichen. Er gab sich also nicht allein alle Mühe, durch reiche Vergabungen den Bischof von Chur, der in Rhätien in grossem Ansehen stund, und die ganze Geistlichkeit zu gewinnen (61); sondern er versicherte sich auch des mächtigen Herzogs in Schwaben und Rhätien, Hermann, durch eine Heurath, die er zwischen seinem erstgebornen Sohn Ludolf, und des Herzogs Tochter Ida stiftete (62).

Da Otto diese Vorkehrungen getroffen hatte, fehlte nichts weiter als ein Anlaß, die Eroberung Italiens mit Gunst und Beystimmung, nicht allein der Deutschen, sondern der Italiener selbst, unternehmen zu können. Dieser bot sich ihm bald dar. Berengar, ein Enkel von der Weiberseite des ehmaligen Königs von Italien dieses

Namens, bestrebte sich, dieses Reich dem König Hugo und seinem Sohn Lothar, die es damals besassen, zu entreissen, und fand in Italien selbst einen grossen Anhang. Dennoch blieb Pavia, und die Gegend die diese Hauptstadt beherrschte, auch nach Hugos Tod, dem jungen Lothar und seiner Gemahlin Adelheit, einer Tochter des Königs Rudolf und der oberwehnten Königin Bertha, getreu; allein Berengar fand Mittel, den König Lothar aus dem Wege zu räumen (63), und drang bald hernach in die verwittibte Königin Adelheit, Tochter und Wittib eines Königs von Italien, daß sie sich bequemen sollte, seinen Sohn Adelberth zu heurathen: in der Absicht, andurch nicht nur das Reich, sondern auch das Recht es zu besitzen, zu erlangen. Adelheit verwarf den Antrag mit Abscheu, und augenblicklich umzingelten Berengars Kriegsschaaren Pavia. Unvermögend sich zu vertheidigen, floh die bedrängte Wittwe nach Deutschland; wurde aber zu Como eingeholt, nach Verona gebracht, und als sie in ihrer Weigerung verharrte, von Berengar und seiner Gemahlin Willa, einen weiblichen Teufel, mit Faustschlägen und Tritten mißhandelt: und nachdem man sie alles des ihrigen, und auch der Haare beraubt, in ein enges

Gefängniß in das Schloß Garda geschleppt. Diese zwischen dem östlichen Ufer des Gardasee und der Clauß ob Verona gelegene, damals, wie Regino versichert, wichtige Burg, versetzt Quadrio in das Veltlin, und ich konnte es eben sowohl nach Guarda ins untere Engadin versetzen, wenn uns Sigonius und Muratori nicht mit Zuversichtlichkeit versicherten, es sey dasjenige Schloß gemeint, von welchem der Gardasee seinen Namen hat (64.); und wenn es nicht eine Tohrheit wäre zu glauben, Adelheit habe sich aus dem Veltlin, anstatt in das nahe Rhätien, wo ihre nächste Anverwandte regierten, in das feindselige Italien, dem sie eben den Rücken gewandt hatte, geflüchtet, und sey von da bis nach Mantua zu Fuß geloffen. Dem sey aber wie ihm wolle; im Schloß Garda wurde die unglückliche Königin, nebst einer Magd, in das unterste Gewölb eines Thurns eingesperrt und karg ernährt. Fast zwey Monat lang erduldete sie diese harte Gefangenschaft, bis es ihrem getreuen Beichtvater Martin gelang, die Mauer durchzugraben, und sie nebst ihrer Magd zu retten. Eine schnelle Flucht brachte sie bis an den Teich, der Mantua umschließt, und ein enges Boot eines ehrlichen Fischers in eine kleine buschreiche Insel dieses Teichs. Hier hielt sie sich bey kümmerlicher Kost so lange verborgen, bis ihr treuer Priester einen Zufluchtsort für sie ausgefunden hatte. Er traf bey Atto, einen alten treuen Freund des König Lothar, das an, was er suchte. Der eilte mit raschen Pferden dahin, wo die Königin verborgen lag; holte sie ab, und brachte sie glücklich in seine sehr veste, auf einem Felsen in dem Herzogthum Regio gelegene Burg Canossa. Sobald Berengar den Zufluchtsort seiner Gefangenen erfuhr, rückte er ins Feld, um Canossa zu belagern. Aber Atto hatte sich schon in die beste Verfassung gesetzt, und that dem Tyrannen Italiens einen Widerstand, den er nicht erwartet hatte. Indessen eilte der Bott, den Adelheit mit einem eigenhändigen Schreiben an den König Otto abgefertiget hatte, nach Deutschland, und mehrere Schreiben grosser Herren und würdiger Prälaten unterstützten das dringende Flehen der bedrängten Königin um Rettung. Sein Sohn Ludolf, der inzwischen seinem Schwiegervater in dem Herzogthum Allemanien nach gefolgt war, wurde beordert, mit seinen Schwaben und Rhätiern geradenwegs auf Mayland loszugehen. Er selbst ruckte mit einem grössern Heer über Trident in Italien. Die wüthenden Anfälle Berengars, der weder Geld noch Blut sparte, hatten unterdessen die Belagerten in Canossa auf das äusserste gebracht. Selbst der muthige Atto zweifelte sich länger als acht Tage halten zu können, und der an Otto abgeschickte Bott war noch nicht zurück. Er war nicht ferne, aber er fand kein Mittel, in die umzingelte Burg hineinzukommen; endlich gelang es ihm, die Antwort des Königs an Adelheit, nebst einem Ring, den er ihr sandte, an einem Pfeil in die Burg hinein zu schiessen. Dieser Brief enthielt: Otto habe mit seinem Heer glücklich die Alpen überstiegen, werde ohne Zeitverlust das Heer an sich ziehen, das sein Sohn Ludolf über Mayland nach Italien geführt, und dann mit vereinten Kräften alles wagen, sie zu befreyen. Nun stieg der Muth der Belagerten höher als je empor, und bald sahen sie Berengar die Belagerung aufheben, um dem auf zwey Seiten eindringenden Feind entgegen zu gehen. Es kam zu einer Feldschlacht; Otto siegte, und eilte vom Siegesfeld nach Canossa, um die befreyte Adelheit nach Pavia in ihre königliche Residenz zu führen, wo er ihr einen triumphierenden Einzug veranstaltete, und darauf sich mit ihr trauen ließ. Er kehrte hierauf mit seiner besten Beute, seiner edeln Gemahlin nach Deutschland zurück, und überließ seinen Feldherren die Sorge, seine Herrschaft über Italien zu befestigen. Diese nöthigten Berengar die Waffen niederzulegen, und sich selbst nach Deutschland zu begeben, um sich dem König Otto und seiner Gemahlin zu Füssen zu werfen. Er that es, und Adelheit genoß die Götterwonne ihm zu verzeihen (65)

Man verzeihe es mir, daß ich mich so lang bey der merkwürdigen Geschichte einer Königin aufgehalten, welche grosse Widerwärtigkeiten zu grossen Tugenden gestimmt, und diese zu den höchsten Würden der Menschen erhoben: denn sie wurde sogar, wie Baronius, Tom 10. behauptet, nach ihrem den 16 Decemb. im Jahr 1000 erfolgten Tod, in die Zahl der Heiligen aufgenommen. In unserer Geschichte verdient sie desto mehr einen Platz, als die Liebe zu dieser würdigen Gemahlin und Mutter, den Muth Otto des Grossen, und ihres Sohns Otto des Zweyten stählte, das Königreich Italien, das sie wie ihre Mitgift ansahen, zu behaupten, und folglich aus dem oben angeführten Grunde das Herz der Rhätier durch Gunstbezeugungen und Wohlthaten zu gewinnen.

Dieses war um so vielmehr nöthig, als der treulose, undankbare Berengar, unerachtet er und sein Sohn jede Ansprache auf das Königreich Italien, dem König Otto zu Augspurg feyerlich abgetreten, und sich anheischig gemacht hatte, es in seinem Namen zu verwalten (66), dennoch nicht aufhörte, alle Ränke einer verkehrten Staatskunst anzuwenden, um dieses Reich wieder an sich zu reissen. Die treuen Freunde des deutschen Königs wurden von ihnen auf alle Weise verfolgt und unterdrückt, und der tapfere Graf Atto, der Retter der Königin Adelheit, drey Jahre lang in seiner Burg Canossa belageret (67). Ein trauriger Familienzwist hinderte Otto, seinen treuen Freunden zu Hülfe zu eilen; er stärkte sich aber in dem Herzogthum Rhätien durch neue dem Bischthum Chur gemachte Schenkungen (68). Der listige Berengar, der es voraussahe, daß endlich das Ungewitter von dieser Seite her über ihn einbrechen wurde, befestigte die im See nicht ferne von Como gelegene Insel Comacina, ein Beweiß, daß die Rhätier Clefen und Veltlin besetzt hatten (69). Herzog Ludolf, der sich mit seinem Vater wieder ausgesöhnt hatte, fand dennoch Mittel, mit einer auserwehlten Kriegsschaar in Italien einzubringen, und Berengar zu nöthigen, die Belagerung von Canossa aufzuheben; allein nachdem er noch mehrere Siege erfochten, büßte er dabey sein Leben ein, entweder in einer Feldschlacht; wie es einige (70), oder nach einer verstellten Aussöhnung durch Gift, wie es andere erzehlen (71). Nun wütete der von der Forcht, die ihm die Tapferkeit der Deutschen eingeflößt hatte, befreyte Berengar noch ärger, und nöthigte dadurch nicht nur viele der Grossen Italiens, sondern auch den Pabst Jochan XII. selbst in den König Otto zu bringen, nach Italien zu kommen, und der tyrannischen Regierung Berengars ein Ende zu machen (72). Adelheit unterstützte das Flehen ihrer alten Freunde, und stellte sich selbst neben ihn an die Spitze des mächtigen Heers, mit welchem er im Herbstm. des Jahrs 961 über Tridént in Italien drang.

Berengar hatte zwar mit einer beträchtlichen Macht die Clausen ob Verona besetzt, aber seine Krieger verstoben vor den kommenden Deutschen, und Otto hielt, ohne Schwerdtschlag, einen triumphierenden Einzug in der Hauptstadt Pavia. Bald hernach wurde ihm und seiner Gemahlin zu Mayland die eiserne Kron des Lombardischen Reichs, und zu Rom die goldene Kron des Kayserthums aufgesetzt, und auf diese Weise das italienische Reich mit dem deutschen, Rhätien mit der Lombardey, wieder unter dem nemlichen Scepter vereint. Berengar, seine Gemahlin und Söhne flüchteten sich jedes ins besondere in eine der vesten Burgen, die sie sich auf einen solchen Zufall hin, als Zufluchtsörter ausersehen und zubereitet hatten. Berengar begab sich in das veste Schloß Mons Leonis oder Feretri, nahe bey Spolet, dessen letzter Bewohner Cagliostro war (74). Adelberth stärkte sich in Spolet und Camarin, beyde, um dem Pabst, mit welchem sie eine geheime Einverständniß unterhielten, nahe zu seyn. Villa, die Gemahlin Berengars, die vor nichts als ihre eigene Sicherheit besorgt war, rettete sich in das Schloß San Giulio, mitten im Lago d'Orta, und ihr jüngster Sohn Guido in die veste Insel Comacina, im Comersee (75).

Warum entfernten sich diese von dem grösten Schrecken befallene Flüchtlinge nicht weiter von ihrem mächtigen Feind? von einem Volk, dem sie äusserst verhaßt waren? Warum retteten sie sich nicht in das Schloß Ologno, den Sitz alter Könige nach Quadrio, in das veste Schloß zu Cosio? in das, wie er es nennt, fast unüberwindliche Schloß zu Grosio, in die wirklich unbezwingbaren Felsennester zu Bellenz und zu Clefen? Darum, weil sie nicht in ihren Händen waren; weil Otto, als er im Jahr 951, nach der ersten Eroberung Italiens, sich in Deutschland zurücke begeben, diese Schlüssel Italiens, die Pässe der Rhätischen Clausen, in seinen Händen behalten hatte. Deßwegen ließ man zwar Nachrichten von den Eroberungen der Burg di San Giulio, als der letzten Veste gegen Bellenz (76), der Burg Garda, als der nächsten Veste dißseits Trident (77), der Insel Comacina, als des letzten besetzten Platzes gegen Veltlin und Clefen (78), durch welche Otto vollends das ganze Königreich Italien in seine Gewalt brachte; aber von der Eroberung der anderen in den Schlünden der Alpen gelegenen Grenzvestungen hören wir nichts, weil diese schon zum voraus in den Händen der Deutschen waren. Da Otto sich bey dieser gebrauchten Vorsicht so wohl befunden, so ist es sehr wahrscheinlich, er, sein Sohn und sein Enkel haben es sich zu einer Staatsmaxime gemacht, Veltlin und Clefen, so wie Bellenz und Trident, als Theile des Herzogthums Rhätien anzusehen und zu behandeln; und in diesem Falle wäre es nicht schwer den Grund anzugeben, warum von Kayser Otto dem Zweyten, in dem von Quadrio angeführten, im Jahr 983 errichteten Diplom, Veltlin und Clefen nicht den übrigen Provinzen des Lombardischen Reichs beygezehlt werden (79); ohne daß man nöthig habe, den fanatischen Traum der Stiftung einer neuen Republik, diesem von Vaterlandsliebe geblendeten Schriftsteller nachzuträumen: und dadurch einem der weisesten Regenten die unkluge Einführung eines Beyspiels anzudichten, das unter seinen neuen Unterthanen gewiß Nachahmer gefunden hätte. Nein, Otto kannte die Nation, die er bezwungen hatte: wußte, daß Güte ohne überwiegende Macht nicht hinreichend war, den bey ihr stets unter der Asche glimmenden Factionengeist zu bändigen; that zwar was möglich war, dieses schleichende griechische Feuer auszulöschen, und verließ deßwegen Italien nicht, bis er Berengar und seine Gemahlin in seine Gewalt bekommen, und alle Zufluchtsörter seiner Anhänger besetzt oder zerstört hatte. Wußte aber dennoch, als er endlich 965, im höchsten Winter über Chur, wo er die letzten Tage des Jenners zugebracht, die Rückreise nach Deutschland antrat, daß noch hie und da Funken lagen, die ihn bald zu einem neuen Zug über die Alpen nöthigen wurden. Und wohl ihm, daß er es vorgesehen hatte, denn schon in dem nemlichen Jahr fielen einige der Langbarten, ihrem loblichen Brauch zufolge, wie Regino am angeführten Ort sich ausdrückt, von ihm ab. Aber Burkhard der Zweyte, Herzog in Allemanien, saße ihnen mit seinen Schwaben und Rhätiern zu nahe auf dem Nacken. Auf den ersten Wink, den ihm Otto gab, drang er durch die Rhätischen Pässe, die er in seinen Händen hatte, in das ebene Italien bis an den Pofluß; schlug die Empörer, an deren Spitze sich Adelberth und

Wido, des Berengars Söhne gestellt hatten, aus dem Feld; wobey der letztere das Leben verlor, und der erstere genöthiget wurde, sich in den Felsenhöhlen der westlichen Alpen zu verkriechen, (81)

Dieser schnelle Sieg überführte Otto von der Wichtigkeit der Rhätischen Pässe je mehr und mehr, so daß er, als neue Unruhen, die Adelberth und seine Anhänger erregt hatten, ihn nöthigten, im Herbst des Jahrs 966 selbst an der Spitze seines Heeres die Alpen zu übersteigen, den Weg über Chur einem jeden anderen verzog (82). Dieses mal verweilte er mehrere Jahre in Italien, und kehrte erst, nachdem er seinem Sohn Otto dem Zweyten die griechische Prinzessin Theophania als Gemahlin beygelegt hatte, im Jahr 972 nach Deutschland zurück, wo er den 7 May 973 verstarb. Sein Thronfolger erbte nicht nur seinen Vorsatz, das Königreich Italien zu behaupten, von ihm, sondern wurde von seiner griechischen Gemahlin noch angefrischt, dasselbige zu erweitern, und über den Garten Italiens, das Königreich beyder Sicilien auszudehnen. Dieses versuchte er allbereits

im

im Jahr 974 (83); als aber wichtige, in Deutschland ausgebrochene Kriege ihn dahin zurück riefen, verschob er die Ausführung seines Plans, bis endlich der im Jahr 980 mit Frankreich geschlossene Friede ihm freye Hände ließ. - Er nutzte den Augenblick, und vor Ende des Jahrs stund er mit einem zahlreichen Heer schon bey Verona, von wannen er sich nach Mayland und Pavia zu seiner Mutter der Kayserin Adelheit begab, um sein Ansehen in der Lombardey, wo viele Städte sich mehrere Freyheiten ausgenommen hatten als ihnen gebührten, wieder zu befestigen, und die eingeführten Neuerungen aufzuheben. (84) Da ihm alles daran gelegen war, bey seinen vorhabenden Feldzügen den Rücken sicher, und den Weg offen zu haben, damit ihm die Verstärkungen, die er aus Deutschland erwartete, ungehindert zuziehen könnten: so mußte es seine erste Sorge seyn, die Pässe der Alpen seinen getreuen Deutschen anzuvertrauen. Aus diesem Grund übergab er auf Anrathen seines Bruders Sohns Otto, Herzogs in Schwaben und Rhätien, der diesem Feldzug selbst beywohnte, die veste Burg Clefen der treuen Obsorge des wackern Bischofs Hildibold von Chur, und schenkte ihm zugleich den Bruck= und Durchfuhrzoll zu Clefen, sammt dem dazu gehörenden Aufseher und eigenen Leuten (85). Er konnte sich um so mehr auf ihn verlassen, als schon Kayser Otto der Erste durch Bestätigung des Geschenks des Hofs Zizers mit allen Zugehör= den (86): und er selbst durch andere wichtige Gaben (87), sich der Dankbarkeit und Ergeben= heit dieses würdigen Geistlichen versichert hatten. Die Uebergab der Veste Clefen in die Hand Bischof Hildebolds geschah zu Pavia, noch ehe der Kayser nach Rom verreißte; allwo er, wie Sigonius nach Lamberth meldet, die Weynacht, gewisser aber, laut dem Chronographus Saxo, im Jahr 981 die Ostern feyerte (88). Der in dem folgenden Jahr wider die Griechen, die das südliche Italien innhatten, unternommene Feld= zug, hatte einen unglücklichen Ausgang. Nicht die Sicilianischen Saracenen, sondern ein ande= res aus Creta gekommenes Heer von dieser Na= tion, wie man es nunmehr aus dem in der Anmerkung N°. 83 angeführten arabischen Codex weiß, vereinten sich mit den Griechen, und über= wältigten die Deutschen. Otto rächte sich zwar mit einem in dem Jahr 983 im oberen Italien zusammen gebrachten neuen Heer an den Saracenen aus Sicilien; aber laut dem gedachten Coder, durch eine niederträchtige Handlung, die man nicht ihm, sondern einem seiner Generalen, Namens Matheus, der den Vortrap anführte, zuschreiben muß. Ehe er selbst in das Feld rücken konnte, starb er noch vor Ausgang des Jahrs, und verließe seinem Sohn, Otto dem Dritten, nebst einem Reich, das groß genug war, noch die Begierde, ein anderes, das jener als Mitgift seiner Gemahlin, und dieser als Erbtheil seiner Mutter, ansahe, zu erobern. Diese reifte aber erst nach langen Jahren zu Thaten; denn als er die Regierung antrat, ware er noch ein Kind. In seinem Namen verwaltete sie Theophania seine Mutter. Zwey andere merkwürdige Frauenzimmer theilten das höchste Ansehen mit ihr. Adelheit, seine Großmutter, residierte immerfort zu Pavia, und hielte durch ihre Klugheit und Ansehen das Langbartische Reich im Zaum; und Mathildis, seine Muhme, Abtissin zu Quedlinburg, hatte bey den Grossen des Deutschen Reichs, einen mächtigen Einfluß. Auf ihr Anrathen bekam der alte Freund ihres Hauses, Bischof Hildibold zu Chur, nun auch von dem dritten Otto die Bestätigung der Schenkungen, die er von dem ersten und dem zweyten erhalten hatte (89); und sie war es, die diesem nunmehr zu einem munteren, thätigen Jüngling angewachsenen Kayser anrieth: den Grundsätzen seiner Vorfahren gemäß, noch ehe er seinen vorhabenden Zug über die Alpen antrat, den wichtigen Paß Clefen dem damaligen Bischoff von Chur, Waldo II, und seinen treuen Rhätiern anzuvertrauen, und zugleich der Kirche zu Chur noch ausgedehntere Rechte und Besitzungen in der Grafschaft Clefen zu ertheilen (90). Drey Züge that Otto der Dritte nach Italien. Seine überwiegende Macht bändigte zwar die Feinde seiner Herrschaft; aber den Plan der Erweiterung des Reichs konnte er nicht ausführen, und wurde je länger je untüchtiger dazu, je mehr er sich von der Einfalt der deutschen Sitten entfernte; bis endlich ein früher Tod ihn Anfangs des Jahrs 1002 von der Last der Regierung befreyte; die er kaum angefangen hatte selbst zu tragen. Da er keinen Sohn hinterließe, wählten die Fürsten des deutschen

Reichs seinen Veter, Herzog Heinrich von Bayern, einen Urenkel Kayser Heinrich des Ersten. Sein Nebenbuhler in Deutschland war Herzog Hermann in Schwaben und Rhätien (91). In Italien machte sich Arduin, Graf von Iporeggia (Yvra), einen Anhang, und wurde zu Pavia König von Italien gekrönt (92). Aber Arnulf, Erzbischof von Mayland, ware dessen nicht zufrieden, warb Freunde im obern Italien, und vertheidigte allda die Rechte des deutschen Königs. Diese zwey mächtigen Factionen kämpften bey abwechslendem Glück 13 Jahre lang mit einander; und zwey Kriegszüge der Deutschen nach Italien, wovon Heinrich den zweyten selbst anführte, waren nicht hinreichend, den Anhang Arduins völlig zu zerstreuen.

Endlich gelang es dem kriegerischen Erzbischof dennoch, diesen welschen König zu nöthigen, dem Reich, des er sich angemasset hatte, zu entsagen, und eine Mönchskutte dafür zu wählen (93). Hiedurch erhielt Arnulf was er suchte, einen fast unumschränkten Gewalt in der Lombardey; wo seine Anhänger nach seinem im Jahr 1019 erfolgten Tod, von Kayser Heinrich, der anderstwo alle Händevoll zu thun hatte, ungehindert, fort herrschten. Bey der Lage, worinnen sich Heinrich Anfangs seiner Regierung, in Ansehung des Lombardischen Reichs befand, war es sehr natürlich, daß er die Clausen zwischen Rhätien und Italien lieber in den Händen der ihm ganz ergebenen Lombardischen Bischöffe sahe; als daß er sie dem ihm abgeneigten Herzog Hermann von Schwaben, und dem eifrigsten Anhänger desselben, Bischof Ulrich von Chur, hätte anvertrauen sollen (94). Es scheint zwar, er habe sich mit diesem letzteren nach dem den 4ten May 1004 erfolgten Hinscheid Herzog Hermanns des Zweyten, wieder ausgesöhnt, und ihm daher die Schenkungen, die seine Vorfahren dem Hochstift Chur gemacht hatten, bestätiget (95). Allein er konnte dennoch den italienischen Bischöffen, denen er den Zügel der Regierung des oberen Italiens ganz überlassen hatte, denselbigen nicht mehr entziehen, nicht mehr ihnen versagen, was sie von ihm forderten; denn er war einmal von den Grundsätzen seiner Vorfahren: Bischöffe und Gestifter, nur als ein Gegengewicht der Uebermacht der Herzogen zu gebrauchen, abgewichen;

und auch in Ansehung Rhätiens auf einen, demjenigen den sie betreten, ganz entgegengesetzten Wege gerathen. Ein Symptom, das sich fast immer zeigt, wann das Stundenglas einer Dynastie oder Regierungsart, bis an wenige Körner ausgeloffen ist.

Achter Abschnitt.

Epoche der Fränkischen Kayser.

Conrad der Zweyte, den die einstimmige Wahl der deutschen Fürsten und des ganzen Volks nach dem Tod Heinrichs, im Jahr 1024 zu der höchsten Würde im Reich erhob, war ein mit eben so viel Klugheit als Entschlossenheit ausgerüsteter deutscher Mann. Es brauchte aber auch eine ausserordentliche Geisteskraft, um die unter der vorigen Regierung erschlaften Nerven des Staatskörpers des deutschen und italienischen Königreichs, wieder zu spannen, und allen Hindernissen zu begegnen, die sich ihm von allen Seiten entgegensetzten.

In Deutschland empörten sich mächtige Fürsten wider ihn. Sein eigner Stiefsohn, Herzog Ernst in Allemanien, war auch von der Zahl. Kaum hatte er diesen Aufstand gestillet, so sah er sich genöthiget, einen Zug nach Italien vorzunehmen; wo Heribert, Erzbischof von Mayland, der an der Spitze der getreuen Langbarten stuhnde, seinen Gegneren nicht mehr gewachsen war. Nachdem er zu Löwen die Weynacht (96), und die Lichtmeß zu Augspurg gefeyert (97), gieng er während der Fasten mit seinem ganzen Heer über die Alpen (98). Glaber Rudolphus, ein damals lebender Schriftsteller, sagt ausdrücklich: er habe seinen Weg über Chur und Como genommen (99); auf das Zeugniß dieses Chronickschreibers hin, haben neue schätzbare Schriftsteller das nemliche behauptet (100.) Mir aber kommt es sehr unwahrscheinlich vor, daß ein grosses Heer, bey welchem sich der Kayser, seine Gemahlin Gisela, Herzog Ernst sein Stiefsohn, Canut, König von Engelland, und noch viele andere Grosse des Reichs befanden (101), mitten im Winter durch die engen, schlüden, und ungeheuren Schneewüsten der Rhätischen Alpen haben dringen, und das erforderliche Geräth, Fourage und Proviant mit sich schleppen können. Wäre es an dem, so müßte man den Rhätischen Bergen, schon zu diesen Zeiten, einen hohen Grad der Cultur und der Bevölkerung zugestehen.

Vielleicht ist aber (Quadrio mag sagen, was er will) das Angeben des gelehrten Muratori richtiger; der auf das Zeugniß des von ihm zwar nicht angeführten Wippo, und des Galvan Flama hin, behauptet, der Kayser habe seinen Weg über Verona genommen (102.) Gewiß ist es, daß er sich nirgends lang kann aufgehalten haben, da er nach Lichtmeß von Augspurg verreißt, und um Ostern schon zu Vercelli war. Conrad mußte zwar Anfangs für seine Anhänger, die mächtige Bischöffe im oberen Italien, einige Gefälligkeiten äusseren; aber er versäumte dabey nicht sein Ansehen, durch alles was auf die Menge einen Eindruck macht, zu befestigen. Er ließe sich die Krone des italiänischen Königreichs zu Mayland und auch zu Monza aufsetzen; versammlete hierauf einen Landtag des ganzen Langbartischen Reichs auf den Romalischen Feldern; und erhielt von demselben die feyerliche Erneuerung aller der Herrschersrechte, welche die Stände dieses Reichs seinen grossen Vorfahren Carl und Otto, zugestanden hatten (103). Nahm hierauf von dem Exarchat von Ravenna ebenfalls Besitz, und erhielt endlich am heil. Ostertag 1027, nebst seiner Gemahlin Gisela, in Beyseyn des Königs Canut von Großbritannien, und des Königs Rudolf von Burgund, zu Rom die kayserliche Kron (104). Als er sein Reich dergestalten befestiget hatte, zeigte er sich als ein würdiger Nachfolger Carl des Grossen. (105) Durch feyerliche Gesäze, welche zum Theil in die Sammlung der Feudal-Gesäze eingetragen, zum Theil von dem gelehrten Cuiacius derselben angehängt worden sind, und von welchen uns Muratori eine sehr genaue Abschrift aus dem Modenesischen Archiv gelieferet hat (106), verfügte er: die Feuda sollen nicht nur auf Söhne, sondern auch auf Brüder geerbet werden (107). Wer die Investitur eines Lehens über ein Jahr lang zu erstehen versäumet, soll dasselbige verlohren haben. Die Kirchen und geistliche Stiftungen sollen, wegen den Vergehungen ihrer Vorsteher, die Lehen auf eine Zeitlang verlieren können (108); und die Streitigkeiten zwischen geistlichen Gestifteren und ihren Lehenpflichtigen, sollen von einem Tribunal aus ihren Mitteln, Judicium Dei populique, wie laut Smith de Republica anglorum L. 2. c. 26. es in England heißt, beendiget werden (109) Je klüger diese Gesätze waren, und je mehr Würksamkeit man sich von ihnen versprechen konnte, den grossen Endzweck: die unzertrennliche Verbindung des Königreichs Italien mit dem deutschen Reich; die, wie Pütter versichert, seither nicht mehr getrennt worden, zu bewürken; desto mehr mißfielen sie dem Erzbischof Heriberth von Mayland, und den übrigen Häupteren der Langbartischen Geistlichkeit. Sie verbargen sich aber bis der Kayser, nach einem ruhmvollen Feldzug in Apulien, noch vor Ende des Jahrs nach Deutschland zurück gekehrt war (110). Kaum aber sahen sie ihn allda mit der Bändigung der Empörer, die sich wider ihn aufgelehnt hatten, beschäftiget, so hetzten sie schon die Vasalen des höheren Adels, der nun insgesammt die Parthey Conrads ergriffen hatte, gegen ihre Lehenherren auf. Conrad ware von allem genau unterrichtet, hatte auch allbereits seinen unruhigen Stiefsohn Ernst, nebst dem Graf Welf, in die

Vestung Geibichenstein, oder Gibellinum, wie
es die Italiener nennten (111), eingesperrt; das
erste mal, da man in den Geschichten die unglücklichen Benennungen der Welfen und Gibellinen
so nahe beysammen sieht. Aber noch beschäftigte
ihn der Krieg mit Böhmen und Pohlen, und
nachher die ihm zugefallene Erbschaft des Königreichs Burgund (112). Er begnügte sich also
Vorkehrungen zu treffen, der Päße der Alpen
Meister zu seyn, um dann zu seiner Zeit, den
untreuen Italieneren seine Macht fühlen zu lassen.
In dieser Absicht erneuerte er dem Bischof Hart-
mann von Chur den 18 Septemb. 1030 die
Schenkung des Schloßes und der Regalien zu
Clefen (113), welche er ihm den 22 Jenner und
24 Brachm. 1038 noch erweiterte und vermehrte
(114), als er durch den zweyten, Ends des Jahrs
1036 vorgenommenen italienischen Feldzug, die
Erfahrung gemacht, wie vortheilhaft es ihm
seye, die Päße Italiens in Händen getreuerer
Freunde zu wissen. Auf diesem Römerzug bändigte er den Uebermuth des Mayländischen Erz-
bischofs, befestigte das Ansehen des deutschen
Reichs durch tapfere Thaten (115) und durch

weise Gesätze (116), und kehrte endlich Ends des Jahrs 1038 nach Deutschland zurück; wo er im Brachmonat des nachfolgenden Jahrs sein ruhmliches Leben beschloß. Sein Sohn Heinrich der Dritte folgte auf ihn, und war in Ansehung der italienischen Angelegenheiten noch glücklicher als er; denn der muthige Widerstand, den der höhere Adel den herrschsüchtigen Priesteren that, nöthigte den Erzbischof Heribert, selbst nach Deutschland zu kommen, und ihm Treue und Gehorsam zu schwören (117). Ein Eid, den er hielt, weil er bald hernach starb, und der auch nach seinem Tod die gute Wirkung hervorbrachte, daß das obere Italien ruhig blieb. Was Rhätien anbelangt, so war der König selbst Herzog in Allemanien und Rhätien; eine Würde, die ihm sein Vater aufgetragen hatte (118). Er war also weit entfernet, die geringste Schmälerung seines Herzogthums zu gestatten. Aus diesem Grund bestätigte er beym ersten Antritt seiner Regierung dem Bischof Diethmar von Chur, alle Schenkungen seiner Vorfahren (119). Und als er nach dem im Jahr 1046 glücklich vollführten Römerzug die Kayserkrone erhalten, begnadigte er auch in dieser Eigenschaft im Jahr 1050 den gedachten Bischof mit neuen Schenkungen (120). Das Ansehen, das sich Kayser Heinrich bey den Italieneren erworben hatte, war so groß, daß sie ihm bey dem Tod eines jeden Pabstes immer die Ernamsung des Nachfolgers überließen. Im Jahr 1054 gab er ihnen den Bischof Gebhard von Eichstädt, der im folgenden Jahr zu Rom eintraf, und den 13 April den päbstlichen Stuhl bestieg. Er war ein vortreflicher Mann und des Kaysers Herzensfreund. Von gleichen Grundsätzen beseelt, gedachten sie mit vereinten Kräften den grossen Plan ausführen zu können, der in den Gesätzen Conrads lag: die Uebermacht der Geistlichkeit durch das Gegengewicht der grösseren und kleineren Lehenbesitzer, oder des hohen und niederen Adels zu mäßigen. Diesem künstlichen Uhrwerke fehlte noch manches Rad, das nöthig war, um die Schnellkraft der contrastierenden Federn im Gleichgewicht zu erhalten. Allein es blieb unvollendet, da der Tod schon im Jahr 1056 den guten Kayser seinem Freund dem Pabst, der ihn zu Goslar besucht hatte, aus den Armen riß. Keine Worte sind hinreichend, das Elend zu schildern, welches

A. 1056. 63

dieser allzufrühzeitige Hinscheid Heinrichs über Deutschland und Italien ausgegossen.

Es schien, auf seinem Sterbebett haben sich die weltliche und geistliche Gewalt das letzte mal umarmet, und dann auf Jahrhunderte lang getrennet; denn in den ehrsüchtigen Gemüthern der Prälaten kochte die Gährung schon lang, welche die unächten Decretale des falschen Isidors darinnen erregt hatte; die, wie Febronius, Cap. 8. §. 7. N°, 6, sagt, der Kirche mehr Schaden gethan haben, als alle Ketzer. Es war hohe Zeit, durch Vereinigung des weltlichen und geistlichen Arms, diesen Uebeln Innhalt zu thun; und dieses unterblieb. Zwar brach das Ungewitter noch nicht los. Die Gegenwart des Pabsts würkte vielmehr kräftig mit, daß der sechsjährige Sohn Heinrichs, der nachher durch seine Thaten und seine Widerwärtigkeiten so berühmte Heinrich der Vierte, ohne Widerred, den Thron des deutschen und italienischen Reichs bestieg, und der Vormundschaft seiner Mutter Agnes überlassen wurde. Aber es stuhnd nicht lange an, so äusserten sich in Deutschland, die Folgen einer minderjährigen Regierung: Eifersucht zwischen den Grossen, die bald in Feindschaft und Fehden übergieng (121), und in Italien die Früchten eines unvollendeten und unbevestigten Staatssystems, Factionen. Diese wüteten die ersten Jahre hindurch nur in kleinen Gruppen, die einander wechselsweise befehdeten (122). Als aber Gregorius der Siebente die oberste Gewalt der Kirchen im Jahr 1073 in seine Hände bekam; und nachdem er drey Jahre lang durch Briefe und Gesandtschaften an alle Fürsten der Christenheit, ihre Gedult geprüft hatte, endlich es wagte, durch sein im Jahr 1076 feyerlich bekannt gemachtes Dictatus Papæ (123), der weltlichen Macht öffentlich den Krieg zu erklären; so sammelte sich unter diesen seinen aufgesteckten Fahnen alles, was seine Rechnung dabey fand, dem Kayser allen Gehorsam aufzusagen. Ehe es zu diesem Ausbruch einer nicht mehr zu heilenden Spaltung kam, hatte man sich auf beyden Seiten beflissen, Anhänger zu werben. Heinrich, oder diejenige, die in seinem Namen den Reichszepter führten, hatten, um nur bey dem stehen zu bleiben, was uns geradenwegs angeht, gesucht, den Bischof Dietmar von Chur, durch eine feyerliche Bestätigung aller Schenkungen

der

der vorigen Kayser, so ihm im Jahr 1061 ertheilt wurde, zu gewinnen (124). Pabst Gregorius beehrte hingegen seinen Nachfolger Bischof Heinrich, mit dem Auftrag, sich im Jahr 1074, nebst anderen Prälaten, als päbstlicher Legat, nach Nürnberg zu begeben, um Heinrich dem Vierten, wegen dem unerlaubten Handel mit geistlichen Beneficien, ernstliche Vorstellungen zu machen (125). Dieses diente aber zu nichts, als auch über Rhätien die allgemeine Verheerung, die Deutsch- und Welschland überschwemmte, zu verbreiten. Denn im Jahr 1078, wie Crusius, oder 1079 wie Tschudi behauptet (126), überfiel Herzog Welfo von Bayern, Rhätien, bemächtigte sich der engen Pässe, und zwang es, dem Gegenkayser Rudolf von Rheinfelden zu huldigen. Damals hatte die von Pabst Gregorius veranstaltete Verbindung aller seiner Anhänger, die Freunde des Kaysers genöthiget, sich ebenfalls genauer zu vereinigen. Hieraus waren zwey ungeheure Factionen entstanden, die vom mittelländischen Meere bis an das baltische, die ganze Regierung Heinrich des Vierten, und Heinrich des Fünften hinburch, gegen einander mit aller der Zügellosigkeit ausschweifender Leidenschaften wüteten; nicht nur Provinzen und Städte, sondern auch Dörfer und Familien trennten, und keine Spur der Ordnung mehr übrig liessen. Die Schilderung dieser Greuelscenen, dieser Handlungen der Gewaltthat, passen schicklicher in eine Geschichte der Factionen, als in eine diplomatische Geschichte. Ich werde also bey allem was dahin gehört vorübergehen, in der Hoffnung, das Zurückgesparrte künftighin nützen zu können, wann es mir Zeit und Umstände erlauben, die Geschichte Rhätiens, auch aus diesem nicht weniger lehrreichen Gesichtspunkt, zu entwerfen.

Neunter Abschnitt.

Nähere Anwendung der in dem letzten und vorletzten Abschnitt angeführten Geschichten und Urkunden auf Rhätien, dißeits und jenseits der Alpen.

Bis dahin habe ich die Geschichte der sächsischen und fränkischen Kayser im grossen geschildert und im ganzen betrachtet, um in einem Ueberblick die Uebereinstimmung ihrer Handlungen und ihrer Staatsmaximen zusammen zu fassen, vom Ganzen auf das Theil schliessen, und sowohl die Wirklichkeit als die Absichten, der dem Bischthum Chur gemachten häufigen Schenkungen, desto gründlicher beurtheilen zu können. Nun werde ich auch auf diesem Grund fussen, um über unsere Staatsgeschichte dieses Zeitpunkts so viel Licht, als möglich ist, zu verbreiten. Ich werde zu dem Ende einige Nachrichten von den Diplomen, die ich oben angeführt habe, und nun gesinnt bin aufzuschlagen und zu nutzen, zum voraus schicken. Dieselbige befinden sich sammtlich in dem Archiv des Bischthums Chur, meistens wohl aufbehalten. An dem Pergament, den Buchstaben, dem Monograma der Fürsten, Unterschriften der jeweiligen Kanzler oder ihrer Stellvertretter, den grossen theils noch unversehrten Insiegeln, wird selbst ein Gatterer nichts auszusetzen finden. Der fleissige und grundlichgelehrte Gilg Tschudi hat vor 220 Jahren alle diese Diplomen durchgelesen, sie zum Theil abgeschrieben, und sie in seinen gelehrten Werken, besonders in seinem im Jahr 1571 ausgearbeiteten Hauptschlüssel bestimmt, und umständlich angeführt (127)

Nicht nur Campell, Guler und Sprecher, sondern auch ausländische Schriftsteller (128) haben derselben erwähnt; und keiner von diesen einsichtsvollen Männern, die sie gesehen und untersucht haben, hat je an ihrer Aechtheit gezweifelt. Ich würde also eine sehr geringe Achtung für die Einsicht meiner Leser verrathen, wenn ich bey solchen Umständen mir die Mühe gäbe, auch nur eine Sylbe auf die kahlen Einwendungen zu antworten, die der Verfasser des Prospetto in seinem Cap. 2. p. 22. mit der ihm eigenen Urbanität, wider diese Urkunden vorgebracht hat; um so mehr, als der gelehrte Mabillon schon längstens solche Splitterrichter zu recht gewiesen hat (129.)

Wichtiger sind die Schwierigkeiten, welche aus der Vergleichung der oben angeführten Diplomen mit denjenigen, die Tatti in seinem zweyten Band der Annali Sacri di Como, den Beylagen per extensum, einverleibt hat, entstehen; denn es ist gewiß, daß die Schenkung der königlichen Einkünften zu Clefen, so das Bischthum Chur von Otto dem Zweyten erhalten hat, neben den Diplomen Otto des Zweyten, vom Jahr 978, Otto des Dritten, vom Jahr 996, und den vier Diplomen Conrad des Zweyten, vom Jahr 1026, die Tatti anführt (130), nicht bestehen können; die eintwederen müssen also unächt seyn. Laßt uns denn sehen, auf welche dieser Tadel fallen werde.

Der scharfsichtige Muratori hält sogar das Diplom Carl des Grossen, vom Jahr 803, so ich oben für gut gelten lassen, weil es mit den Urkunden des Stifts Chur in keinem Widerspruch

steht, für verdächtig, und untergräbt dadurch
den Grund aller übrigen darauf sich beziehenden
Diplomen des Stifts Como (131.) In An=
sehung des Diploms vom Jahr 978, ist sein
Ausspruch noch viel bestimmter; er findet es un=
ächt, findet daß Tatti sich vergebens bemüht,
durch Veränderung seines Datums seine Mängel
auszubessern; und versicheret uns, einsichtsvolle
Schriftsteller haben schon vor ihm entdeckt, daß
seine Wunden unheilbar seyen (132) Solche
Vorgänger machten Quadrio kühn, nicht nur
das Diplom vom Jahr 978, sondern nebst ihm
alle oben angeführte, und noch verschiedene an=
dere Diplome des Tatti für unächt, und unter=
schoben zu erklären (133). Er häufte Gründe
auf Gründe, um diesen seinen Satz zu behaupten;
von welchen einige in die Classe derjenigen, die
Mabillon in der oben angeführten Stelle mit
Recht verwirft, gehören, andere aber einleuch=
tender sind. Den grösten Eindruck von allen macht
mir, die in seiner zweyten Dissertation des zwey=
ten Bandes enthaltene Versicherung: er habe es
aus dem Munde des würdigen Bischoffs von Como,
Paul Cernußci, selbst erfahren: das alte Archiv

von Como sey ein Raub der Flammen geworden, und die vorhandenen Documente seyen untergeschoben, und hiemit keiner Achtung werth (134). Denn es ist zwar an dem, Quadrio läßt sich oft von Leidenschaften und Partheyeifer hinreissen, die grösten Ungereimtheiten zu behaupten, wenn sie nur dazu dienen, seine vorgefaßte Meynung zu bestätigen; und in solchen Fällen muß man weder gesunde Critik, noch Wahrheitsliebe von ihm erwarten. Aber ein anders ist es, ausschweifende Meynungen vorbringen; ein anders, ganz erlogene Thatsachen erzehlen, einem Freund Worte in den Mund legen, die er nie gesprochen, und dieses alles in Angesicht des Bischthums Como, mit Unterschrift seines Namens, durch den Druck bekannt machen. Diese Unredlichkeit, Unvorsichtigkeit und Unverschämtheit kann ich Quadrio nicht zutrauen, und folglich an der Wahrheit seiner Erzehlung nicht zweifeln. Ist diese aber richtig, so weiß und gesteht man es zu Como selbst, daß die von Tatti bekanntgemachte alte Urkunden unterschoben sind. Diese können also die mit allen Anzeigen der Aechtheit versehenen Diplomen des Hochstifts Chur, nicht verdächtig machen.

Laßt uns nun sehen, was sich aus diesen authentischen Urkunden erhellt.

In ganz Rhätien waren die deutschen Kayser wie die Carolingischen, noch immer Eigenthümer aller oberherrlichen Rechte, und befügt darüber zu verfügen. Zwar lesen wir in diesen neueren Diplomen nichts mehr von Kriegssteuern; vermuthlich weil man diese den Herzogen überlassen hatte, die dagegen für die Proviantlieferungen und Fortschaffung des Trosses der Kriegsheere sorgen mußten. Daß solches in Rhätien auf das sorgfältigste geschehen, beweisen die öfteren Durchzüge der Kayser und ihrer Kriegsheere durch die engen Schlünde, und über die hohen Giebel der Alpen zwischen Chur und Clefen; welches ohne den Beystand der Einwohner unmöglich gewesen wäre.

Hingegen ist in gedachten Urkunden ausdrücklich die Rede von Gerichtsbarkeitgefällen, *Omnis fiscus* qui hactenus ad regalem pertinebat Cameram, nennt es die Urkund vom Jahr 951, Nota N°. 68, und Scultacia, das Schultheißenamt oder Blutbann, heißt es die Urkund von 976, Nota N°. 87.

Kopf- und Grundsteuern. Census, **Güter-steuer,** nennt es die Urkund von 957, N°. 68. Decimas, **Zehenden,** steht in der Urkund von 976, N°. 87; und Census ab omni centena, **Kopfsteuer,** heißt es eben dort. **Grundstücke, die ein Eigenthum des Landesfürsten,** Terra Salica, **waren.** Curtem in Villa Zizuris, **die königlichen Güter zu Zizers, im Jahr** 957, N°. 68 und 86. Curtis regalis in vico Curiæ, **der Hof zu Chur, im Jahr** 976, N°. 87. Dimidia pars Civitatis Curiensis, **der halbe Theil der Stadt Chur,** (ob die andere Helfte nicht Terra Salica, sondern eigen Gut war, weiß ich nicht.) im Diplom, vom Jahr 959, Nota N°. 68.

Kirchensatz. Ecclesias in Loco Plutenes, **Pludenz, und** in Valle Sexamnes in honorem St. Martini constructam, **der St. Martins Kirchen in Schams (zu Zillis), Urkund von** 940, Nota N°. 61. **Ferners zu Chur, der Kirchen St. Laurenz, St. Martin, St. Hillari und St. Carpophori; mehr, der Kirchen im Schloß zu Beneduces, Bonaduz;** et Razennes, **und Razüns; auch der Pfrund St. Bernhards, in dem Gebürg ob Jlanz, und der Kirchen zu Rankts und zu Pittasch.**

Regalien.

Telloneum, Waarenzoll, Urkunde vom Jahr 957, N°. 68. Jahr 976, N°. 87. Novem Episcopal. in Lacu Rivano, **Fuhr Monopol** auf dem Wallenstatter=See, im Jahr 957, N°. 68. Piscatio ibidem, **die Fischerey im Wallenstatter=See,** im Jahr 976, N°. 87. Bannum super forestum, Eigenthum über alles Holz und alle Jagdbarkeit in dem grossen Wald, der sich von Varsamer Tobel, auf beyden Seiten des Rheins bis an die Landquart und den Taminfluß, der durch Ragatz fließt, erstreckte. Urkunde vom Jahr 1050, N°. 120. Dieses waren die Rechte, über welche die deutschen Kayser der zwey ersten Dynastien in Rhätien disseits der Alpen, verfügten, denen ich aus anderen Diplomen, und aus dem uralten Urbar des Hochstifts Chur, noch sehr viele beyfügen könnte, wenn mir die eigentliche Zeit, wann dieses Urbar errichtet worden ist, bekannt wäre.

In dem disseits der Berge, oder vielmehr zwischen den beyden Hauptgiebeln der Alpen gelegenen Rhätien, nemlich in den Grafschaften **Engadin, Bergell, Clefen** und **Masax**, übten die deutschen Kayser die gleichen Herrschersrechte aus. Vertrauten, wie wir schon oben bemerkt, die Clausen und Thore Italiens niemand, als bewehrten Freunden, adelichen Geschlechtern, die deutschen oder fränkischen Ursprungs, in Ober Rhätien Ausländer, und also weniger als Eingebohrne im Fall waren, sich wider ihre Oberherren auflehnen, und die Vortheile der Lage des Landes wider sie selbst nutzen zu können; oder der durch Wohlthaten gewonnenen Rhätischen Geistlichkeit. Unter diesen beyden Ständen trachteten sie das genauste Gleichgewicht zu erhalten; zu welchem Ende sie immer freye Hände behielten, der Waagschale des einten Besitzungen zu entziehen, und sie der anderen zuzulegen. So vergabte Heinrich der Vogler im Jahr 930 das Dorf Sins, im Engadin, mit allen dazu gehörenden königlichen Einkünften, dem Bischof Waldo, wie ich es oben N°. 60 angemerkt habe, ungeachtet es in der Grafschaft des Graf Bertholds gelegen war. Das Thal Bergell wurde durch das Diplom Otto des Ersten, vom Jahr 958, dessen Datum, so nicht mehr zu lesen ist, uns Tschudi, der es im Jahr 1571 in Handen gehabt, aufbehalten (135); und durch das Diplom Otto des Zweyten, vom Jahr 976, so ich oben N°. 87. angeführt, Graf Adelberth entzogen, und dem Bisthum Chur zugetheilt; und zwar geschah allda des Durchfuhrzolls, Telloneum ibi, als eines der geschenkten Herrschers Rechte, ausdrückliche Meldung. Wenige Jahre hernach wurden durch das Diplom Heinrich des Zweyten, die Bergeller als Liberi homines erklärt, und folglich dem Bisthum ein beträchtlicher Theil der ihm geschenkten Rechte wieder entzogen. (136)

In Ansehung der Grafschaft Clefen, schenkte Otto der Zweyte der Kirchen zu Chur, im Jahr 980, N°. 85, den **Bruck- und Ausfuhrzoll zu Clefen**, Pontem Clavenafcum. Otto der Dritte, im Jahr 995, N°. 90, alle Nutzbarkeiten in- und aussert dem Schloß zu Clefen, sammt dem Genuß der Gebäuden; **Waarenzoll**, Telloneum; **Meßgebühr**, Mercatum; **Bannwälder**, Foresta; **Kastanienwälder**, Silvas; **Regalien als Jagdbarkeit**, venationem; **Fischerey**, piscationes; **Wasser und Wasserleitungen**, aquas et aquarum decursus. Und Conrad der Zweyte bestätigte durch die N°. 113 und 114

angeführten Lit. G, H und I, den Beylagen
einverleibte Urkunden vom Jahr 1030 und 1038
alles obige, und fügte noch mehrere Grundstücke
in Berg und Thal, Schlösser, Weinberge,
Aecker, Kastanienwälder, Wiesen, Weyden,
Mühlen, Ausfuhrgebühren und andere Einkünfte hinzu; alles dieses wurde dem Rhätischen
Adel entzogen. Graf Anutzo, oder seinen Erben,
von dem die ersten; oder den Gebrüderen Wilhelm und Roggier, von welchen die letzten Urkunden Meldung thun. Rudolf, Graf von Clefen,
wurde dabey ganz übergangen. Nur in Ansehung
der Grafschaft Mesox finde ich nirgends, daß
diese Herrschaft, die Ulrich, Graf von Bregenz,
von Kayser Carl dem Dicken erhielt, ihm oder
seinen Nachkommen je entzogen worden (137).
Aus den vor uns liegenden Urkunden ersehen wir
übrigens, daß sich die Staatsklugheit der deutschen Kayser nicht nur auf die Erhaltung des
Gleichgewichts der Macht, des Adels und der
Geistlichkeit einschränkte, sondern daß sie die gleiche
Vorsichtigkeit und das gleiche Mittel gebrauchte,
um das allzuschnelle Wachsthum der Macht der
einten oder der anderen von diesen besonders

begünstigten gräflichen Familien, zu verhüten.

Drey mächtige ausländische Häuser, die in dem nordlichen und östlichen Rhätien über wichtige Landstrecken herrschten, hatten zu diesen Zeiten die Pässe des Churrerischen Rhätien vorzüglich in ihrer Gewalt. Die gegen Osten besaß ein Graf aus dem Haus der Herzoge von Bayern; die, wenn wir den Geschlechtsregistern trauen dörfen (138), geradenwegs von Carl dem Grossen abstammten. Er nannte sich Berchthold, und war ein Bruder Arnulfs, der ihn nach dem im Jahr 913 über die Hungarn erfochtenen Sieg (139), zum Grafen des Vinstgäu und Etschland, mithin auch des daran stoffenden Engadins, ernamset hatte. Kayser Heinrich der Erste bestätigte Graf Berchthold in dieser Ehrenstelle, bey Anlaß seiner im Jahr 921 mit dem Herzog von Bayern erfolgten Aussöhnung (140). Und im Jahr 937, nach dem Tod Arnulfs, erhob ihn Otto der Erste zu der noch höheren Würde eines Herzogs von Bayern (141). Aussert allem Zweifel ist dieser Berchthold eben derjenige, dessen Grafschaft das Engadin, in der Urkunde vom Jahr 930, beygezehlt wird.

Das zweyte mächtige Haus, das sich im Churrerischen Rhätien festsetzte, war das Geschlecht der Grafen von Bregenz. Auch diese waren, wenigstens von der Weiberseite, mit den Carolingischen Kaysern verwandt, und also ein Gegenstand des Zutrauens und der Wohlthaten dieser Fürsten. Um mich nicht in den Federkrieg zu mischen, den vortrefliche Schriftsteller schon seit einem vollen Jahrhundert, wegen der Aechtheit oder Unächtheit des von Ludwig dem Frommen, dem Frauenstift zu Lindau ertheilten Diploms, geführt haben (142), lasse ich es dahin gestellt: ob Adelberth, dessen alte Documente, nicht zu den Zeiten Ludwig des Frommen, sondern zu den Zeiten Carl des Dicken, Meldung thun, (143) Stifter dieses Grafen Hauses gewesen sey? Gewiß ist es, daß es von Graf Ulrich abstammt, und daß er alle die Herrschaften, welche, laut den oben erwehnten Chronico Constantiensi, diesem Geschlecht von den Fränkischen Kaysern geschenkt worden sind: nemlich ringsum den Bodensee, das Linzgäu, das Heistergäu, Bregenz, Buchhorn, Ueberlingen, Winterthur; und im oberen Rhätien das Mesoxerthal, und andere Herrschaften besaß.

(144). Da er schon im Jahr 890 der Berichtigung der Marchen zwischen dem Rheingäu, und den drey Grafschaften Thurgäu, Linzgäu und Ober=Rhätien, als Graf von Linzgäu, und Herr der Herrschaft Lüstnau in Ober=Rhätien, beygewohnt (145); und noch zuvor, nemlich im Jahr 879 und 880, als Graf von Linzgäu, und nachher im Jahr 913 und 914, als Graf von Winterthur und Elgäu, in öffentlichen Schriften aufgetreten ist. (146)

Er hinterliesse zwey Söhne, Hugo und Utzo, oder Anutzo. Hugo heurathete, wie von Schleben bezeuget, um das Jahr 940 Eva von Hohenembs (147). Den Roman, wie dieser Heurath gestiftet worden, und was dieses Ehepaar dabey gelitten, haben viele neuere nach Lirers Angeben, erzehlt. Er sey Graf in Rhätien gewesen, sagt die Constanzische Chronick. Lazius de Migrad. gent. Lib. 8. in genealogia Comitum Brigantinor. setzt hinzu: er sey Stammvater der Grafen von Realta im Churrerischen Rhätien gewesen, und habe allda das veste Schloß Ruk, (vielleicht Ruchberg oder Ruchaspermont) besessen. Ich habe keine Urkunden hievon, und lasse es

dahin

dahin gestellt, da es hier der Ort nicht ist, dieses zu erläuteren.

Anuzo, der Vater des heil. Gebhards, Bischof von Costanz, zweyter Sohn des Grafen Ulrichs, von dessen Existenz als Graf von Bregenz und Linzgäu wir nunmehr durch authentische Urkunden gewiß sind (148), ist eben derjenige, welchem Buccellin in dem seiner Rhätia, Fol. 376 einverleibten Stammregister der Grafen von Bregenz, die schändlich verrätherische Mordthat des Königs Lamberths angedichtet hat, da es doch in Luitprand, dem einzigen alten Schriftsteller, der die Anecdote dieser Schandthat erzehlt, ausdrücklich steht, der Thäter habe Hugo, nicht Uzo oder Anuzo geheissen; sein Vater sey Graf Mangifred von Mayland, nicht Graf Ulrich von Bregenz, gewesen. Er sey nicht geflohen, sondern habe, nachdem die Missethat lang geheim geblieben, endlich sie selbst eingestanden (149.) Dieses Probstück der frechsten Verläumdung eines rechtschaffenen frommen Mannes, zum Nachtheil eines ehrwürdigen Geschlechts, der zu Lieb Buccellini seine Stammtafeln der Grafen von Bregenz, von Montfort und von Werdenberg, ganz verkehrt und verunstaltet hat, überzeugt uns, wie nöthig es sey, ein Buch wegzulegen, das Wahrheiten und Unwahrheiten auf die frechste Weise vermengt, und also sein falsches Geld unter dem guten auszuspenden trachtet. Nein, sicherer trauen wir der angeführten Costanzischen Chronick, deren Angeben sich in Ansehung Graf Ulrichs, ganz richtig findet, und also diese Fabeln völlig ausschließt. Diese versicheret uns, Graf Anutzo habe im oberen Rhätien wichtige Herrschaften besessen, und berechtiget uns andurch, ihn vor den nemlichen zu halten, der laut der Beylag Lit. E, ehmals die Grafschaft Clefen eingehabt. Er zeugte, nebst dem Bischof Gebhard, mit der nemlichen, oder, wie es wahrscheinlicher ist, mit einer zweyten Gemahlin, noch drey Söhne.

I. Ulrich den Zweyten, dem die Herrschaften am Bodensee zugetheilt wurden, und von welchem die Grafen von Bregenz, nebst den Pfalzgrafen von Pfullendorf und Tübingen, entsprossen sind.

II. Lipfried, der, wie es scheint, von seinem Vater die Grafschaft Engadin ererbt hat. Dieses leidet keinen Zweifel, wenn man von dem Nachfolgenden auf das Vorhergehende schließt. Dann es ist, laut Sprechers Pallas Rhætica, Lib. 8, Thatsach, daß die Grafen Adelberth und Ulrich von Gamertingen, dem Bischthum Chur ihre Grafschaft Engadin im Jahr 1139 verkauft haben. Es ist Thatsach, daß sie diese als Erbschaft ihrer Mutter Bertha besessen, welche sie selbst von ihrer Mutter Adelheit ererbt hatte. Es ist Thatsach, daß Adelheit die einzige Tochter und Erbin des heiligen Adelberths war, der im Jahr 1053, unter der Anführung Pabsts Leo des Neunten, in einem Kreuzzug wider die Normänner in Apulien, sein Leben gegen die Marterkrone vertauschte (150). Dieser Adelberth war der einzige Sohn Luitfrieds. Es ist also sehr wahrscheinlich, daß Luitfried das Engadin von seinem Vater Anutzo ererbt, und dieser es im Jahr 947, nach dem Tod Herzog Bertholds von Bayern (151), als eine Entschädigung für die Grafschaft Clefen, welche die Sächsische Kayser sich selbst vorbehalten hatten, empfangen habe.

III. Und Drittens Marquard, welcher aus der väterlichen Erbschaft Warthau erhielt. Als Graf von Sargans erscheint dieser Rhätische

Graf in einer Urkund des Klosters Pfäfers, vom
Jahr 1032. (152) Nach seinem bald hernach
erfolgten Tod erlangte sein Sohn Eberhard diese
Würde, und erscheint daher in der Urkund des
Klosters Pfäfers vom Jahr 1040 (153); in
der Urkund des Gestifts Schänis vom Jahr 1045
(154), und in der Urkund des Klosters Pfäfers
vom Jahr 1067 (155) als Graf von Gaster und
von Sargans. Endlich trittet der nemliche auch
als Herr von Warthau in dem Diplom des Bisch=
thums Chur vom Jahr 1050 auf, welches Tschudi
übergangen, Sprecher aber angeführt hat (156).
Dann die Oerter, von welchen in diesem Diplom
die Rede ist, sind nächst an den Gränzen der
Herrschaft Warthau gegen die Grafschaft Wer=
denberg gelegen. Eberhard war also aus dem
Geschlecht der Grafen von Bregenz. Er war
Herr über eine beträchtliche Landsstrecke in Rhä=
tien unter der Landquart. Dieses schließt freylich
die lächerliche Fabel des Ballarini aus, der ihn
zu einem Stammvater des Geschlechts der Herren
von Paravicini macht (157). Es beweist ferner,
daß Quadrio sich ebenfalls irret, wann er den
Graf Eberhard, von welchem Sprecher redet,

mit dem Graf Eberhard von Nellenburg, der
bey Heinrich dem Vierten alles galt, vermengt
(158); dann der genaue Geschichtschreiber Lam=
berth sagt uns ausdrücklich, daß dieser Eberhard,
der aufrichtige Freund Heinrichs des Vierten,
Graf von Ellenburg, war (159), und aus der
schon oft angeführten Costanzischen Chronick kann
man sich überzeugen, daß der Graf Eberhard
von Nellenburg nicht aus dem Haus der Grafen
von Bregenz, sonderen aus einem ganz anderen
Geschlecht entsprossen war (160). Aber es folgt
nicht daraus, daß er nicht neben der Grafschaft
Sargans, auch die Grafschaft Clefen hätte besitzen
können, so wie sein Großvater Anuzo beyde besaß.
Da es aber aus anderen von Quadrio angeführ=
ten Gründen (161) gewiß ist, daß das von
Tatti seinen Beylagen einverleibte Diplom vom
Jahr 1065 unächt ist, so findet sich in der dar=
inn enthaltenen Meldung des Grafs Eberhard
zwar kein Grund zu glauben, daß er je die
Grafschaft Clefen besessen habe; welche, wie wir
weiter unten hören werden, zu diesen Zeiten in
den Händen der Grafen von Werdenberg war;
aber es läßt uns doch vermuthen, er sey in diesen

Gegenden bekannt gewesen, und giebt uns einen Wink, auszuspüren, was aus der Grafschaft Mesox geworden sey, von der wir eigentlich nicht wissen, welchem von den Erben des Graf Ulrichs, oder seines Sohns Grafs Anutzo von Bregenz, sie zugetroffen; wahrscheinlicherweise gehörte sie zu dem Erbtheil Graf Marquard des Ersten, und kam von ihm auf seinen Sohn Eberhard, und auf seinen Enkel Marquard den Zweyten, der durch seine Fehden mit Abt Ulrich von St. Gallen berühmt geworden ist (162). Vielleicht ist sie von ihm durch Heyrath an das schon damals mächtige Oberrhätische Haus der Herren von Sax gekommen.

Das dritte ausländische Haus, das sich um diese Zeit in Ober-Rhätien festgesetzt hat, ist das Haus der Grafen von Werdenberg oder von Montfort. Der eigentliche Ursprung dieses Geschlechts, das in Rhätien länger als jedes andere geherrschet, ist zwar keine diplomatisch erwiesene Wahrheit. Die Urkunden unserer kriegerischen Grafen sind laider meistens in ihren widereinander geführten Kriegen ein Raub der Flammen geworden. Was wir von ihnen wissen, sind

Behauptungen von Genealogisten, die uns aber keinen Gewährsmann von ihren Erzehlungen angeben (163); oder einfältig aufgezeichnete Volkssage. Die letztere erlangt durch ihre ungekünstelte Einfalt selbst einige Glaubwürdigkeit. Wir wollen also das wenige Licht nutzen, so wir darinn finden. Eine Menge solcher zu verschiedenen Zeiten und von verschiedenen Federn aufgezeichneten Nachrichten, finden wir in der uralten schwäbischen Chronick, die, unter dem Namen Thomas Lirers von Rankwiel, im Jahr 1486 zu Ulm gedruckt worden ist. Ist je etwas von allem, was sie enthält, würdig, daß man darauf achte, so ist es das, was Lirer selbst schon im zehnten Seculo von dem Grafen von Werdenberg, deren Knecht er gewesen (164) aufgezeichnet hat. Hält man nun dasjenige, was er von seinem Kayser Curio sagt, der so viele Söhne hatte, alle Schlösser im unteren und oberen Rhätien erbaute, nebst dem Namen und der Lage dieser Burgen, gegen dasjenige, was die Genealogisten von Isenbahrdt, Grafen von Altdorf, erzehlen; der, wo nicht ein Kayser, doch Carl des Grossen Schwager war. Bemerket man den Namen Eglof, der dem

Stifter des Hauses Werdenberg, so sich auf
Guttenberg ob Vaduz gesetzt hatte, gegeben wird,
welcher sichtbarlich die deutsche Uebersetzung des
Namens Agidolfus, auf welchen sich die Grafen
von Altdorf so vieles eingebildet haben, ist, so
finden wir einigen Grund zu vermuthen, daß
die Grafen von Werdenberg und Montfort aus
diesem berühmten sehr ausgebreiteten Haus ent=
sprossen seyen, und daß sich die Gebrüdere aus
diesem Haus gleich Anfangs durch die Farb ihrer
Fahne unterscheiden haben. Daher die Namen
Rothefahn, Schwarzefahn und Weissefahn früher
bekannt worden, als die Namen ihrer Herrschaften (165). Dieses sind freylich nur Vermuthun=
gen; aber gewiß ist es, daß unter den Anfüh=
reren des schwäbischen Heers, das im Jahr 934
Heinrich dem Ersten, in der grossen Schlacht
wider die Ungarn so treuen Beystand geleistet,
Rudolf von Werdenberg als Anführer der Reu-
terey genennt wird; die, wie Luitprand meldet,
durch ihren raschen Angriff den Sieg erfochten
hat (166). Ferners erhellt es sich aus den von
Georg Rüxner gesammelten Thurnierbücheren,
daß im Jahr 935 der nemliche Graf Rudolf

von Werdenberg, und seine Gemahlin, eine gebohrne von Anklam zu Magdeburg; im Jahr 942 Wolf von Werdenberg zu Rothenburg an der Tauber; im Jahr 1019 Heinrich von Werdenberg zu Trier; im Jahr 1080 Rudolf von Werdenberg zu Augspurg diesen Ritterspielen beygewohnt haben, welches, wann man schon Rüxner gar nicht trauen kann, dennoch einigen Glauben verdient; da auch von Schleßen, Pag. 3, und Guler Pag. 219, von dem Daseyn dieser und mehrerer Grafen aus dem Hause von Werdenberg zeugen. So gewiß es aber ist, daß sie in diesen entfernten Zeiten ein herrschendes Haus waren, so augenscheinlich ist es aus der Lage ihres Stammhauses und der Herrschaft, deren Namen sie führten, daß ihr Gebiet eine gute Strecke weit in dem oberen Rhätien ausgebreitet war; und daß sie folglich alle die Eigenschaften besaßen, die erforderet wurden, um die Clausen gegen Italien zu freyer Disposition der deutschen Kayser offen zu halten. Conrad der Zweyte bemerkte dieses, und gab Rudolf von Werdenberg dem Letzten, von dem wir Erwehnung gethan, die Grafschaft Clefen zu verwalten, wie es aus den Beylagen H und I, verglichen mit der Beylag G, klar ist.

Das Geschlecht Graf Adelberths, der zufolg der angeführten Urkunden nicht nur Graf von Bergell, sondern wenigstens, um das Jahr 976 Befehlshaber über eine grosse Strecke von Rhätien war, habe ich nicht ausfinden können.

War er aus einem der damals schon blühenden eingebohrnen Rhätischen Geschlechteren entsprossen, und war er ein Adelberth aus eben diesem Geschlecht, so sich, wie Campell es behauptet (167), zu der Würde eines Grafen von Histria, und Herzogs von Cärnten, empor geschwungen, so müssen wir annehmen, es haben drey Herren aus diesem Geschlecht nach einander den Namen Adelberth geführt. Dann Adelberth, der im Jahr 1027 seines Herzogthums Histria und Cärnten entsetzt wurde (168), starb erst im Jahr 1039 (169); und zwischen diesem und dem Jahr 958, in welchem er, laut der Anmerkung N°. 135, schon Comes Rhætia hieß, ist eine zu grosse Kluft beveftiget. Da aber sein Sohn, der ihm im Herzogthum nachfolgte, eben so hieß (170), so scheint es, sein Vater habe den gleichen Namen getragen, und dieſer habe Hiſtrien als Erſatz der ihm entzogenen Herrſchaften in Rhätien erhalten.

Dieſes hätte man nun freylich als eine Ausnahm von der allgemeinen Regel, die wichtigen Päſſe der Alpen lieber Deutſchen oder Geſchlechtern aus Unter-Rhätien, als dem einheimiſchen Adel von Ober-Rhätien, anzuvertrauen, anſehen können; aber wann man bemerkt, daß die Verſetzung Adelberths in Hiſtrien eben zu der Zeit geſchehen, als die ſächſiſche Kayſer die Nothwendigkeit, auch der Macht des Adels Schranken zu ſetzen, einzuſehen angefangen, ſo wird man eine Uebereinſtimmung der Grundſätzen eben da entdecken, wo ſich ein Widerſpruch zu äuſſeren ſcheint.

So viel von Cleſen. In Anſehung des Veltlins muß ich es geſtehen, daß ich dieſen ganzen Zeitpunkt hindurch, keine gründliche Nachricht davon finde. In der Gewalt der mächtigen Geiſtlichen und der veſten Städte, die in den letzten Zeiten der fränkiſchen Dynaſtie die Oberherrſchaft des oberen Italiens an ſich geriſſen hatten, war es eben ſo wenig frey, als Cleſen, ſonſt hätten die Städte der Lombardie, als sie im Jahr 1093 sich wider Heinrich den Vierten empörten, nicht nöthig gehabt, sich vor allem der Pässe der Alpen zu versichern (171). Eine freye Regierung, freye Dörfer und freye Bauern, lassen sich in einem Zeitalter, da das Recht der Stärkern allein galt, und da ein jeder, der die Gewalt nicht hatte, einen anderen zu unterdrücken, gewiß unterdrückt wurde, nicht denken. Dann die Rudera der vesten Schlösser, die sich noch heut zu Tag, ferne von den Grenzen und Pässen, fast auf jedem Hügel des Veltlins erheben, zeugen laut, nicht von Freyheit, sondern von Unterdrückung.

Es bleibt also bey dem, was ich oben angemerkt habe. Die Stellvertreter und Verwalter der Abtey St. Denis, hatten sich Ends der Carolingischen Dynastie die Besitzungen und Einkünfte dieses Klosters zugeeignet; und so oft eine neue Regierung des Königreichs Italien mit neuer Herrscherskraft empor stieg, oder der Scharfblick eines für die Rechte seiner Kron eifernden Königs, auf dieses in den Alpen versteckte Thal fiel, wußten sie sich sehr geschickt, hinter dem beschiedenen Titel der Vicedomini, zu verbergen. Als

Statthalter des Königs, oder derjenigen, welchen die Großmuth der ehmaligen Könige diese Besitzungen zugetheilt hatte, blieben sie im Besitz derselbigen, und wichen eine jede schärfere Untersuchung aus, indem sie die Eigenthumsrechte der Kron über alles, was sie hatten und besassen, anerkannten.

Beweise von dem Daseyn und der Macht dieser Vicedomini im Veltlin, finden wir in der von Quadrio angeführten Urkunde vom Jahr 1105, aus welcher erhellt: daß Alberich Vicedominus sich feyerlich anheischig gemacht, die Besitzungen der Abtey des heil. Ambrosius des Grösseren zu Mayland, im Veltlin, gegen jeden unbilligen Gewalt zu schützen (172); und in dem uralten Gedicht über die Verstörung der Stadt Como durch die Mayländer (173), in welchem der Verfasser desselbigen als Augenzeuge (174) versichert, im Jahr 1125 habe Jordan Vicedominus die veste Burg Domofoles, ob Mello im Veltlin, beherrscht (175). Diese zwey Vicedomini waren also mächtig im Veltlin, noch ehe die im Jahr 1127 erfolgte gänzliche Verstörung der Stadt Como, viele von den überbliebenen ansehnlichen

Bürgeren dieser unglücklichen Stadt nöthigte, in das Veltlin zu flüchten, und die allda noch blühenden adelichen Häuser zu stiften (176); und ihre Macht hatte allda schon seit langer Zeit Wurzel gefaßt, da sie im Stand waren, andere zu schützen, und solche Vestungen, die nicht das Werk eines Tages waren, zu erbauen. Daß sich der Name Vicedominus damals noch nicht in einen Geschlechtsnamen verwandelt hatte, sieht man aus allem, was Otto Frisingensis Cronich. Lib. 7. C. 31, von dem heiligen Bernhard sagt; der, ehe er in den geistlichen Stand trat, Vicedominus Pisanus war; und aus dem, was Landulphus junior von Olricho, den er im Jahr 1106 Vicedominum Mediolani nennt, erzehlt; und der beygefügten Anmerkung des gelehrten Muratori, welcher zufolge dieses Wort nicht ein Geschlecht, sondern ein Amt bedeutet. (177). Diesem stimmt du Tresne, du Cange, Glossario med. et infim. latinitatis vox Vicedominus, und selbst der oben angeführte Pater Stampa, bey (178). Nur irret er sich, da er vermuthet, die Vicedomini im Veltlin haben als Statthalter des Bischofs von Como diesen Namen geführt;

dann da, wie ich es oben erwehnt habe, die
Diplome des Bischthums Como, auf welche sich
seine Herrschaft über das Veltlin gründet, wenig
oder keinen Glauben verdienen, so müssen wir
diese Vicedomini so lang für Statthalter des
Königs selbst, der der einzige rechtmässige Domi-
nus war, halten, bis man uns durch authentische Documente erweiset, daß irgend ein recht-
mässiger König diese Rechte dem Kloster St.
Denis entzogen, und sie durch gültige Schenkungen einem anderen geistlichen oder weltlichen Le-
henträger übergeben habe.

Waren aber die Vicedomini als Statthalter
der deutschen Kayser im Besitz der königlichen Regalien im Veltlin, so hat das deutsche Reich den
Besitz dieser Regalien immerhin behauptet, bis
endlich die wilde Anarchie der Factionen alle
Schranken der Ordnung überwältigte, und nicht
mehr die Gewalt der Gesätze, sondern die Gesätze der Gewalt herrschten. Da erhielten auch
die Sachen und die Personen eine andere Gestalt
und andere Namen. Die Vorsteher des Volks
im Veltlin, wie zu Mayland und anderswo,
nennten sich nicht mehr Vicedomini, sondern

Capitanei, und erbauten Veſtungen und Burg-
ſtellen, wie zum Beyſpiel Maſſegra bey Sonders,
und Caſtiglione, mehr um ihre eigene Macht
feſtzuſetzen, als um unter dem Namen des Kayſers und des Reichs zu herrſchen. In dieſen Zeiten der Verwirrung und der Verſtörung nach
Rechten und Uebungen zu forſchen, wäre eben ſo
viel, als mitten in dem Bette des alles verheeren-
den Waldſtroms nachgraben, um die Marchen
der verwüſteten Güter auszufinden.

Zehenter Abſchnitt.

Der Schwäbiſche Zeitpunkt.

Heinrich der Fünfte hatte durch ſeine Empörung wider ſeinen unglücklichen Vater ſelbſt die
Sehnen ſeines Arms gelähmt, ſo, daß er in
Deutſchland der zunehmenden Macht der Groſſen
und der Städte, und in Italien den nunmehr
in ein ordentliches Syſtem gebrachten Eingriffen
des Pabſts und der Geiſtlichkeit, in die Rechte
der weltlichen Macht, nicht widerſtehen konnte.

Noch

Noch unglücklicher war sein Versuch, die Lombardischen Städte zu beruhigen, die von der sich angemaßten Freyheit keinen anderen Gebrauch zu machen wußten, als sich wechselsweis zu bekriegen, zu unterjochen und zu verstören (179). Dann sobald er ihnen den Rucken zugewandt hatte, so kochte die Freyheitswuth schon wieder in allen Herzen, und zeugte die ungeheuersten Handlungen der Unterdrückung und der Tyranney. Lothar, der ihm im Reich folgte, war noch unvermögender, das Lombardische Reich zu behaupten; und zu Rom mußte er sich die Kayserkrone durch eine Niederträchtigkeit erkaufen. Endlich erhielt Conrad, Herzog in Schwaben und Rhätien, die durch den Tod Lothars erledigte oberste Würde der Christenheit. Niemand wußte besser als er den Werth der Rhätischen Päsfe, die in seinem eigenthumlichen Herzogthum gelegen waren. Er hatte sich derselben bedient, als er im Jahr 1127 nicht über den Umbrail und Worms, wie Quadrio irrig angiebt (180), sondern über den Septmerberg und Clefen, in Italien eingedrungen war (181), und würde sich dieser ihm zugehörenden Bergvestung mit dem größten Vortheil bedient haben, um die Untreue der Mayländer zu bestrafen und der in Ober-Italien wüthenden Anarchie ein Ende zu machen, wann ihn nicht die schlaue Politik der italienischen Fürsten, durch die, seinem Feind Herzog Welf von Bayern zugesandte Unterstützung, davon abgehalten hätte (182). Als ihn endlich Sieg auf Sieg von diesem Feinde befreyt hatte, wußte die Staatsklugheit des römischen Hofs wieder Rath. Die Wohlredenheit des heil. Bernhards verleitete den einfältig frommen Fürsten auf ausdrücklichen Befehl Pabsts Eugenius (183) zu einem unglücklichen Kreuzzug, der ihn zwey volle Jahre seiner Regierung kostete, den Kern seines Heers auffraß, und ihn selbst durch eine gefährliche Krankheit an den Rand des Grabs brachte (184). Als er sich endlich von allem diesem Ungemach wieder erholt, die Sachen im Reich geordnet und grosse Vorkehrungen gemacht hatte, den Zug nach Italien mit Würde vorzunehmen, überraschte ihn ein schneller Tod, und nöthigte ihn die Sorge, das Königreich Italien zu beruhigen, seinem Nachfolger zu überlassen (185).

Dieses war Friedrich der Erste, der seinem Vater Friedrich in dem Herzogthum Schwaben nachgefolgt war (186), nachgehend an der Spize seiner tapfern Unterthanen dem Kreuzzug beygewohnt, und allda unter den Augen seines Oheims solche Proben der Klugheit und Tapferkeit abgelegt hatte, daß der sterbende Kayser mit einer seltnen Amtstreu und Vaterlandsliebe dem Fürsten eingerathen, ihn in dem Kayserthum seinem eignen Sohn vorzuziehen (187).

Als Friedrich den Thron bestieg, war er also schon ein geübter Feldherr. Sein von Vater und Großvater ererbtes eigenthümliches Herzogthum Schwaben stieß vermittelst des ihm einverleibten Churischen Rhätiens (188) an das obere Italien. Allda herrschte die Anarchie der Factionen: Mächtige Städte bekriegten und überwältigten die schwächern, und mißkannten ganz die Rechte des deutschen Reichs. Friedrich faßte den Vorsatz, die Bedrängten zu retten und die Rechte des Reichs über Italien wieder herzustellen, und blieb standhaft bey diesem Entschluß; wovon seine 6 Feldzüge nach Italien zeugen. Die Absicht derselben war, vornemlich der Uebermacht der Stadt Mayland, die sich an die Spize der Welfischen Faction in Ober-Italien gestellt hatte, Schranken zu setzen.

Dieses versuchte er anfänglich durch den friedlichen Weg des Rechts zu erlangen. Er berief zu dem End im Jahr 1154 einen Reichstag des ganzen Königreichs Italien in den roncalischen Feldern zusammen, drang auf die Anerkennung der Oberherrschafts-Rechte des deutschen Reichs, auf die Abführung der fürstlichen Einkünfte, und auf die Wiedereinsetzung der von den Mayländern unterjochten Städte, Lodi und Como, in ihre alte Freyheiten und Rechte. Aber Vorstellungen und Befehle fruchteten bey den halsstarrigen Mayländern und ihren Bundsgenossen nichts. Er griff also zu den Waffen, verstörte Tortona und andere von den widerspenstigen Städten, und hinterließ bey seiner bald hernach erfolgten Abreise nach Rom den übrigen ein schreckendes Beyspiel seiner Strenge zurück (189). Sowohl der erwehnte Römerzug, als andere in den nordlichen Gegenden seines Reichs ausgebrochne Kriege, nöthigten Friedrich, die Ausführung seines Plans wegen Italien bis in das Jahr 1178 aufzuschieben. Nun rüstete er sich aber in allem Ernst, der stolzen Hauptstadt des Langbartischen Reichs, die damals an Volksmenge und an Reichthum kaum ihres gleichen

hatte, zu bändigen. Er sammelte ein zahlreiches
Heer aus allen Gegenden Deutschlands, zählte aber
vornemlich auf die Nähe seiner Erbländer, auf
seine tapfern Schwaben und auf die Treue seiner
Rhätier, die Rudolf, Graf von Bregenz und von
Lindau, ein Urenkel des Anutzo Grafen von Clefen,
anführte, und der einer seiner Stärksten war (190).
Dieser mit seinen Rhätiern, den Anwohneren des
Bodensees, den übrigen Schwaben und einem
Theil der Franken, drang über Clefen und den
Comersee bis in das ebne Italien, zu der gleichen
Zeit, da andere Schaaren des Heers theils den
östlichen, theils den westlichen Giebel der Alpen
überstiegen (191). Vor Brescia stellte sich Friedrich
an die Spize seines Heers und zwang diese Stadt,
die ihm die Thore geschlossen hatte, bald zur Uebergabe. Länger dauerte die Belagerung der Stadt
Mayland selbst, die sich nicht ergab, bis die Standhaftigkeit und Tapferkeit des Kaysers und seines
Heers sie auf das äusserste gebracht hatte. Und
dennoch behandelte sie der edelmüthige Ueberwinder mit der Mässigung, deren nur eine grosse Seele
fähig ist. Er gestattete ihr eine erträgliche Capitulation, die Goldast seiner Sammlung von Reichs=

Conſtitutionen einverleibt hat (192), durch welche er die bezwungene Stadt zu nichts weiterm verpflichtete, als was er gleich anfangs von allen Städten und Staaten des Italieniſchen Reichs gefordert hatte, und zu fordern berechtiget war. Dann er war feſt entſchloſſen, nicht durch Gewalt, ſondern durch Recht, zu herrſchen, deßwegen berief er Ends des Jahrs 1158 einen groſſen Reichstag des ganzen Königreichs Italien auf den roncaliſchen Feldern zuſammen. Auf dieſem wurden mit freywilliger Einſtimmung aller Städte, der ſämtlichen Geiſtlichkeit, der Groſſen und des ganzen Volks, die Vorrechte des deutſchen Kayſers als König von Italien beſtimmt, die Cron-Gefälle feſtgeſezt, und alle bis dahin eingeſchlichene Mißbräuche gehoben. Um hiebey eine jede Uebereilung auszuweichen, beſchied der gerechte Monarch die vier gröſten Rechtsgelehrten jener Zeiten von Bologna, wo ſie die aus dem Schutt der Stadt Amalfi geretteten Juſtinianäiſchen Rechte öffentlich lehrten, zu ſich, und ſezte nichts feſt, bis es dieſe einſichtsvollen Männer, denen auf ihr Begehren ein Rath von 28 der weiſeſten und beſten Vorſtehern der Langbartiſchen Städte zugegeben wurde, alles bey dem Licht der Vernunft und der Rechte geprüft hatten (193). Hiedurch erhielten die Schlüsse des roncalischen Reichstags, nicht nur wegen der freyen Einwilligung der Unterthanen des Reichs, sondern vorzüglich deßwegen, weil sie auf Grundsätzen beruhten, eine unumstößliche Festigkeit, und sind nicht als Entschliessungen des wandelbaren Willens der Menschen, sondern als Aussprüche des, durch Wahrheit, Gefühl und Rechtskenntniß, aufgeklärten, sich immer gleichen Verstandes, anzusehen. Was diese Schlüsse enthalten, sagt uns Radewic so genau und so ausführlich, daß man seine Erzehlung als eine der wichtigsten Urkunden des Staatsrechts ansehen muß. Ich werde sie also den Beylagen ganz beydrucken lassen (194); um so mehr, als ein sonst sehr schäzbarer Schriftsteller kein Bedenken getragen hat, zu behaupten, das Resultat dieser grossen Anstalten sey nichts weiters gewesen, als die sogenannten Leges Castrenses, die in Goldasts Sammlung der Reichs-Constitutionen stehen (195). Ein Irrthum, in welchen er nicht gerathen wäre, wann er diese Sammlung des Goldasts aufgeschlagen hätte; dann da würde er gefunden haben, daß diese Leges Castrenses nicht in den roncalischen Feldern, sondern in dem Lager vor Brescia bekannt gemacht worden sind (196); daß es von Wort zu Wort die nemlichen sind, die Radewic, dem sie Goldast abentlehnt hat, anführt, und von welcher er deutlich sagt, sie seyen während dem Aufenthalt vor Brescia, eben in dem Zeitpunkt, da das ganze Heer allda zusammen gestoßen, demselben vorgeschrieben worden (197). Nachdem Friedrich diesen ersten Endzweck seines Feldzugs nach Italien erreicht hatte, gab er sich alle Mühe, auch die Pflichten eines Friedensstifters, wie ihn Conrad von Ursperg nennt, zu erfüllen. Er gebot nicht nur jederman den Frieden (198), sondern er legte selbst Hand an, verglich den Streit zwischen den Cremonensern und den Placentinern, zwischen Mayland und Monza, sammelte die zerstreuten Bürger von Como, munterte sie auf, ihre Stadt, die noch immer in ihrem Schutt lag, wieder aufzubauen, und stiftete zwischen ihnen und den Einwohnern der Insel Comacina, welche die Mayländer als Grenzvestung gegen Rhätien stark bevestiget und besezt hatten, Frieden (199). Nun glaubte der gute Kayser, Italien auf immer beruhiget zu haben, aber er irrte sich sehr.

Obwohl Obertus ab Orto, damaliger Bürgermeister (Conful) der Stadt Mayland, an der Spize der Rechtsgelehrten, welche die Schlüsse des roncalischen Reichstags abgefaßt hatten, sich befunden hatte (200); obwohl er von ihrer Gültigkeit so sehr überführt war, daß er sie nachher als Uebung der Stadt Mayland in das zweyte und die folgende Bücher Feudorum eingetragen hat (201), so waren dennoch die Bürger von Mayland mit diesen Verordnungen nicht zufrieden, weil sie ihren Plan, sich an der Spize einer mächtigen Faction bis zu der Höhe democratischer Despoten des obern Italiens empor zu schwingen, vereitelte. Sobald also der Kayser die ihm so feyerlich zugesagten Regalien einfordern wollte, und zu dem End den wackern Pfalzgraf Otto von Wittelspach nach Mayland gesandt hatte, begegneten sie ihm auf die spöttlichste Weise; und als sie bey Pabst Hadrian Gunst fanden (202), brachen sie den feyerlich geschwornen Frieden und die zugesagte Treue, unter dem Vorwand, sie haben zwar geschworen, aber nicht versprochen den Eid zu halten (203), und vergriffen sich, wann das, was Trithemius ad A. 1161 schreibt, wahr ist, noch gröber an der Kayserin selbst. Friedrich entschloß sich, die Ehre des deutschen Reichs zu retten. Obwohl aber die Mayländer mit den Feindseeligkeiten den Anfang gemacht, so gieng der Krieg dennoch nur langsam vorsich, bis der Kayser Verstärkung aus Deutschland erhielt. Inzwischen fand er aber dennoch Mittel, die feste Insel Comacina in seine Gewalt zu bekommen, und also seinen durch Rhätien anrückenden Hülfsvölkern den Weg nach Italien zu eröfnen (204). Bald nachher erschienen, theils von der Kayserin selbst, theils von andern deutschen Fürsten und Edeln geführte zahlreiche Kriegsschaaren. Nach einer tapfern Gegenwehr wurde Mayland eingenommen und verstört (205). Allein der Zorn der Ueberwinder kühlte sich an den Mauren und Gebäuden, die Einwohner wurden aus Menschlichkeit verschont, und nur zerstreut, und die Steine der eingerißnen Mauren blieben an dem Ort liegen, wo man sie nöthig hatte, um beydes wieder aufzubauen (206). Der Kayser sahe sich nachher wegen einer streitigen Pabstwahl und wichtigen Angelegenheiten genöthiget, seine Aufmerksamkeit den Anliegenheiten des Langbartischen Reichs zu entziehen; sezte also deutsche Befehlshaber den

Städten vor, denen er am wenigsten trauen konnte. Diese waren ganz natürlich den Welschen höchst verhaßt, und werden auch von Sire Raul mit den schwärzesten Farben geschildert (207). Die Mayländer nutzten diese erwünschte Gelegenheit, sich in den meisten Städten des obern Italiens einen Anhang zu machen, durch welchen gestärkt sie sich getrauten ihre niedergestürzte Mauren wieder aufzurichten. Diesem ersten Eid und Friedensbruche folgte eine Verbindung aller Städte des obern Italiens, nur Pavia, Cremona und Como ausgenommen, wie Otto von St. Blasio bezeugt (208), obwohl es aus dem zu Venedig im Jahr 1177 errichteten Stillstand der Waffen scheint, Como sey zulezt auch noch von dem Kayser abgefallen, andere Städte hingegen haben seine Parthey ergriffen.

In den neuen immer wieder auflebenden Kriegen, so hieraus erfolgten, rang Friedrich mannlich mit der Macht reicher stark bevölkerter und wohlbevestigter Städte, mit der Treulosigkeit seiner Feinde, und, was ihn am meisten schmerzte, auch seiner Freunde, und mit den Donnerkeilen des Vaticans. Endlich söhnte er sich mit dem Pabst im Jahr 1177 durch die zu Venedig getroffne Einverständniß aus, und schloß mit den wider ihn verbündeten Italienischen Städten, im gleichen Jahr und am gleichen Ort, einen Stillstand der Waffen auf 6 Jahre, und vor dessen Verfluß im J. 1183 den Frieden von Constanz; durch welchen er ihnen eine völlige Amnistie, und die Vergünstigung der seit vielen Jahren sich angemaßten Rechte, ferners, doch nicht anderst als unter dem Titel eines ihnen von dem Kayser ertheilten Privilegiums, genießen zu können, aus Landsfürstlicher Gnade gestattete (209). Nun stunde die aus so vielen Stürmen gerettete Souveränität des deutschen Reichs über Italien auf zwey unbeweglichen Säulen fest: auf der Einwilligung des Volks und der Ausübung der erhaltenen Macht durch Ertheilung von Privilegien, die allein auf dem Machtspruch quod Principi placuit legis habet vigorem, beruhen (210). Friedrich hatte seine Fehden mit den Italienischen Städten ritterlich bestanden, hatte seinem Sohn Heinrich, durch die mit Constantia der Erbin der Krone Neapels und Siciliens getroffene Vermählung, die Herrschaft über den schönsten Theil Italiens erworben. Da stieg in ihm der damals grosse Gedanke auf, Jerusalem, das Saladin den Christen entrissen hatte, wieder zu erobern. Mitten durch unendliche Hindernisse drang er in das Herz von Klein=Asien, erfochte vor Iconium oder Coignia einen herrlichen Sieg über den türkischen Sultan, und verlor bald hernach im Fluß Seleph, vermuthlich dem nemlich, den Strabo in seinem dreyzehenten Buch in diese Gegend versezt und dessen Homer in seiner Ilias Buch 2, v. 831. Meldung thut, unglücklicher weise sein Leben. Niemand vergoß häuffigere Thränen um ihn, als seine treuen Rhätier, deren zweyter Rhätus er gewesen war. Sein Sohn Heinrich folgte ihm im Reich, unterwarf sich nicht ohne Mühe das Erbtheil seiner Gemahlin, Neapel und Sicilien, und nun war das Königreich Italien zwischen diesem neuen Erbreich des Hauses von Hohenstauffen und seinem Herzogthum Rhätien wie eingeschlossen. Es war also kein Wunder, daß die mächtigen Städte des obern Italiens mit ihm Frieden hielten, obgleich das unauslöschliche Feuer der Factionen zwischen ihnen selbst unter der Asche fortglimmte, und dann und wann in helle Flammen ausschlug (211).

Die Nachfolger Heinrichs, Philipp, Otto und Friedrich der Zweyte, waren nicht so glücklich. Unter ihrer Regierung, besonders während dem langen Schisma zwischen Philipp und Otto, und Friedrich und dem Pabst, erhielten die Factionen der Welfen und Waiblingischen erst den hohen Grad der Spannung, der sie Jahrhunderte lang zur Triebfeder aller Ränke der Staatskunst machte. Das Abschütteln eines jeden rechtmässigen Gewalts veränderte den Staat in eine wilde Anarchie, die man Freyheit hieß, in der That aber nichts weiters war, als das traurige Recht, einander ungestraft bekriegen, berauben, und unterdrücken zu können. Zum Kriegen brauchte man Anführer und Rathgeber; diese wurden Oligarchen, und der kühnste und listigste von ihnen, Despot. So erzeugte das Streben nach Freyheit, Sclaverey.

Eilfter Abschnitt.

Zustand Rhätiens, unter den ersten schwäbischen Kaysern.

In dem Augenblick, da der Herzog von Schwaben und in Rhätien, den Kayserthron bestieg, erhielt auch Rhätien unter den Fürstenthümern Europens einen höhern Rang. Friedrich der Erste liebte Rhätien als sein Eigenthum, und kannte die Wichtigkeit seiner Lage und seiner Pässe, besonders um Mayland mit Vortheil zu bekriegen. Er bestrebte sich also seine ganze Regierung hindurch, das Herz dieser treuen, seinem Haus und seiner Person ganz ergebnen Nation, je mehr und mehr zu gewinnen, und den Wohlstand und das Ansehen derselben zu vermehren.

Auch in Rhätien hatte sich die Mißhelligkeit zwischen der Geistlichkeit und dem Adel eingeschlichen. Adelgott, ein Schüler des heil. Bernhards, und Mönch des von ihm gestifteten Ordens, hatte im Jahr 1143, wann das von Campus (212) bekannt gemachte Diplom richtig ist, oder im Jahr 1150, wann wir uns an das Register der Bischöffe von Chur halten wollen (213), von dem Kayser Conrad das Bischthum Chur erhalten. Mit allem Eifer eines Asceten benutzte er die Gewogenheit, des in seinen lezten Tagen frömmlenden Kaysers, um der Mönchheit im Churischen Rhätien empor zu helfen. Er führte die strengste Lebensordnung in dem Mönchenkloster hinter St. Luci, und in den Frauenklöstern zu Catzis, Schennis, und zu Münster im Münsterthal, ein (214); wurde dagegen von seinen Anhängern als ein Heiliger verehrt, und besaß nebst dem Bischthum auch die Abtey Dissentis, folglich Ansehen und Gewalt bey den frommen und einfältigen Einwohnern der Gebürge (215). Dieses erregte die Eifersucht des Rhätischen Adels, und kaum hatte der junge kriegerische Friedrich den Kayserthron bestiegen, als sich schon im Heumonat des Jahrs 1152 auf dem Hoftag zu Ulm, diese Gesinnung des Adels gegen die Geistlichkeit äusserte: dann nicht allein wurde der Bischof Adelgott öffentlich beschimpft, sondern man errichtete den ersten Pfaffenbrief, den man als einen vom Adel gegen den Bannstrahl

der

der Kirchen aufgeworfenes Bollwerk ansehen kann (216). Friedrich hielt mit festem Arm die Wagschale zwischen diesen zwey grossen Partheyen empor, und herrschte dadurch über beyde. Doch finde ich nicht, daß er dem zu sehr verhaßten Bischoff Adelgott, weder Befreyungen noch andere Merkmale seiner Gewogenheit, ertheilt habe. Als er aber im Jahr 1160. den 3. Octobr. verstarb (217), erhielt sein Nachfolger Conrad der zweyte, wie Bruschius versichert, der sich übrigens in Ansehung dieser beyden Bischöffe offenbahrlich irrt, im Jahr 1165. von Kayser Friedrich die Bestätigung der Rechte und Freyheiten seiner Kirche (218). Auf diesen folgte Egino aus dem oberrhätischen edeln Geschlecht von Ehrenfels. Da nun dieser Bischoff sowohl wegen seiner Herkunft, als wegen seinem Stand, in Rhätien einen doppelten Einfluß hatte, so gebrauchte Friedrich alle Mittel die ihm seine geübte Staatsklugheit an die Hand gab, ihn so wohl an seine Person, als an sein Haus zu fesseln. Rudolf Graf von Pfullendorf, der seinen einzigen Sohn Berchtold in den Italienischen Kriegen eingebüßt hatte, entschloß sich Land und Leute zu verkaufen, und seine übrigen Tage dem Dienste des heil. Grabes zu Jerusalem zu widmen (219) Das erste, so ihm der Kayser Friedrich abkaufte, war die Kastenvogtey des Bisthums Chur, welche hierauf von dem Bischoff Egino selbst, Herzog Friedrich von Schwaben, dem Sohn des Kaysers, durch ein feyerliches Document aufgetragen wurde; in welchem Friedrich dem Bischoff den Titel eines Reichsfürsten, Princeps noster gab, und ihm also die Pille der gar zu genauen Abhängigkeit vom Haus Hohenstauffen vergoldete (220). Egino starb nicht wie Bruschius meldet im Jahr 1174, sondern wie Tschudi richtiger behauptet, im Jahr 1171, denn Ulrich von Tegerfeld besaß das Bisthum acht Jahr, und resignierte es im Jahr 1179 auf dem Lateranensischen Concilium (221).

Auf ihn folgte Bruno, und auf diesen, Heinrich der zweyte, welcher schon im Heumonath des Jahrs 1180, als erwehlter Bischoff von Chur dem Höftag zu Regenspurg beywohnte, und einen Ausspruch des Kaysers zu Gunsten der Kirche von Freissingen als Zeug unterschrieb (222). Zuverläßig war er den 26 Juni im Jahr 1183 nicht mehr Bischoff von Chur, da den nemlichen Tag

Citalinus als Bischoff von Chur den bekannten Frieden von Constantz allda unterschrieben hatte (223). Warum alle oben angeführte Schriftsteller des Bischthums Chur, diesen, durch ein so feyerliches Document verewigten Bischoff, weggelassen; ob Heinrich das Bischthum Chur nur resigniert, und nach dem Tod Citalins wieder übernommen; oder ob ein zweyter Heinrich, wie Bruschius sagt, erst im Jahr 1183 die Bischöffliche Würde erlangt und bis End des Jahrhunderts besessen habe, lasse ich dahingestellt; so viel ist aus allem obigen klar, daß die Bischöffe von Chur seit Egino's Zeiten unter den Anhängern Kayser Friedrichs eine wichtige Stelle behauptet haben, und daher immer zugegen waren, wann er sich vorgesezt hatte etwas Grosses zu verfügen.

So sehr inzwischen sich Kayser Friedrich bestrebte, die Geistlichkeit auf seine Seite zu bringen; so sehr, oder noch mehr war es ihm angelegen, in seiner kriegerischen Regierung auf die Unterstützung des tapfern rhätischen Adels zehlen zu können. Ich habe schon oben angemerkt, daß Rudolf Graf zu Lindau und Bregenz, einer seiner Starken war, und daß Graf Berchtold von Pfullendorf an der Seuche gestorben, die im Jahr 1167 das Heer des Kaysers zu Rom überfallen und seiner edelsten und besten Krieger beraubt hat (224).

Ein dritter rhätischer Graf, der bey Friedrich vieles galt, war Hugo Pfalzgraf zu Tübingen und in Rhätien; oder eigentlicher, wie es aus einer Urkund des Klosters Pfäffers vom Jahr 1158 sich ergiebt, Graf zu Sargans (225). Dieser, durch seine mit dem Welfischen Hause und der ganzen Welfischen Faction in Ober-Deutschland herzhaft bestandene Fehde, bekannte und mißkannte rhätische Graf, war eigentlich nichts weiters als Stellvertreter des Hauses Hohenstauffen an der Spize der Waiblingischen Faction. Es mag seyn, daß er ohne Einwilligung des Kaysers, in der Hize des Partheyeifers, die Böhmen in Schwaben und Burgund beruffen, die den ganzen Schauplatz dieses bürgerlichen Kriegs so jämmerlich verwüstet haben; und daß er daher die Demüthigung verdiente, die der Kayser selbst, auf dem im Jenner 1165 zu Ulm gehaltenen Hoftag über ihn verhängt (226). Sichtbar ist es, daß der Kayser, der alles that was sich thun liesse, um einen Bruch mit der Welfischen Faction zu verhüten, seinen Liebling dennoch nicht verließ, denn zum Ort seiner Gefangenschaft wählte man das Schloß Neuburg im Churerischen Rhätien; nur eine Stunde von den Gränzen seiner Grafschaft Sargans, und an einem Ort gelegen, wo alles Waiblingisch gesinnet war (227). Diese Gefangenschaft daurte auch nicht länger als 18. Monath (228); daher finden wir ihn im Jahr 1170 schon wieder unter der Zahl der Grossen des Reichs, die zu Mengen das Gefolg des Kaysers ausgemacht, und allba das N°. 220 angeführte Diplom als Zeugen unterschrieben haben. Auch im oberen Rhätien, hart an den Gränzen Italiens, hatte Friedrich rhätische Edelleute, auf deren Klugheit, Muth und Treue er sich verlassen konnte. Ein solcher war Schwicher von Aspermont welchem der Kayser den 4ten Mertz des Jahrs 1153 auf dem zu Constantz gehaltenen Hoftag (229) den wichtigen Auftrag gegeben, dem Volk und den Vorstehern der Stadt Mayland in seinem Namen anzubefehlen: von den Bedrückungen, welche die Bürger von Lodi wider sie eingeklagt hatten, abzustehen. Otto Morena, ein damahls lebender Schriftsteller, der diese ganze Geschichte mit der grösten Genauigkeit aufgezeichnet hat, meldet zugleich: Schwicher habe seinen Auftrag mit Standhaftigkeit und Pünktlichkeit verrichtet, und sich von dem Trotz der Mayländer, die ihn öffentlich beschimpft, nicht irre machen lassen (230). Es ist wahr, Morena nennt ihn nach der Art der Italiener, die deutschen Namen zu verstümmeln, anstatt Schwicherium, Sicherium; allein Tschudi versichert uns, Schwicher von Aspermont aus Churwalen sey Bottschaftsweise nach Mayland gesandt worden (231), und das oben angeführte Diplom vom Jahr 1170, worinnen Schwicherus de Aspermont als Zeug vorkömmt, sezt die Sache aussert allen Zweifel. Neben ihm finden wir in dem gedachten Diplom noch seinen Bruder Ulrich, und seine Söhne Heinrich und Ulrich von Aspermont, nebst Conrad von Medezen, den Grossen des Reichs die damals als Zeugen auftraten, beygezehlt. Medezen war ein altes rhätisches Geschlecht das seinen Wohnsitz zu Catzis hatte, und ebengedachter Conrad nebst seinem Sohn so ebenfalls Conrad hieß, verpachteten ihre Alp Emet im Jahr 1204 dem Consul und der Gemeind Clefen (232). Der Umstand, daß dieses edle Geschlecht, dem unermüdeten Tschudi und

seinen Nacheiferern Guler und Sprecher unbekannt
geblieben ist; bestärkt mich in der schon längst gemachten Bemerckung: daß auch der gröste Fleiß
nicht hinreichend sey, die historischen Kenntnisse
zu erschöpfen. Des nemlichen Conrad von Medezen, eben so wohl als des obigen Heinrich von
Aspermont, geschieht in dem Diplom so Heinrich
der 6te im Jahr 1194 zu Chur ausgefertiget hat
(233) neuerdings Meldung, und in dem nemlichen Diplom werden noch andere rhätische Edelleute, nemlich Ulrich Graf von Sakk, und Ulrich
von Juwalt neben den beyden Brüdern des Kaysers
und zwey Grafen von Hohenzollern als Zeugen
angeführt.

Aus diesem wenigen sieht man: daß immer
rhätische Edelleute im Gefolg Friedrichs und seines Sohns Heinrichs waren; und daß diese Monarchen die Kunst gewußt, durch das Zutrauen
und die Achtung die sie ihnen bezeugten, über ihre
Gemüther zu herrschen. Aber auch hier blieben sie
nicht stehen, sondern suchten noch dazu die allgemeine Liebe des ganzen Volks durch allgemeine
Wohlthaten zu gewinnen. Wie sehr es Friedrich
auch angelegen war, den mit seinem Hause wieder

ausgesöhnten Bischoff Hermann von Constantz sich
verbindlich zu machen; so blieb er dennoch, als
er durch das im Jahr 1155 ausgefertigte Diplom
die Gränzen dieses Bisthums bestimmte (234)
in Ansehung des Bisthums Chur dem heiligen
Grundsatz: einem jeden das Seine zu lassen,
getreu, und gestund dem Churerischen Rhätien
mercklich ausgedehntere Gränzen zu, als es der=
mahlen hat. Diese, heißt es allda, gehen von dem
Thuner See an, dem höchsten Giebel der Alpen
nach, bis zu den Quellen des Sitters, und von
da, dem First nach bis nach Monticell zwischen
Rheinthal und Sax; wo König Dagobert in
seiner Gegenwart am Ufer des Rheins, in einen
Felsen das Bild eines halben Mondes hat ein=
hauen lassen; von wannen aus, die Gränzlinie den
Rhein bis in den Bodensee spaltete.

Eine noch grössere Wohlthat für Rhätien, welche
es, wie ich dafür halte, ebenfalls Kayser Friedrich
dem Ersten zu verdanken hat, war die Bevölkerung
verschiedener der höchsten Bergthäler; wie zum
Beyspiel Rheinwald, Afers, Saffien, Tschapinen
und St. Peters Thal. Daß ihre Einwohner
schwäbischen Ursprungs seyen, beweisen ihre Sitten,

Bildung und Kleidung, besonders ihre Mundart; denn obschon ihre Nachbarn gegen Süden die Italienische, und gegen Norden die Romanische Sprache reden, sprechen sie deutsch und zwar alt schwäbisch Deutsch; so daß verschiedene in Schwaben selbst veraltete, und uns nur aus den Minnesängern bekannte Wörter bey ihnen noch üblich sind. Rheinwald war, wie es sein Name schon selbst andeutet, ein ungeheurer Wald, durch welchen sich der junge Rhein, acht Stunden Wegs durchwälzen mußte, ehe er die bewohnteren Gegenden des Schamserthals erreichte. Die Landstraß über den vordern Abula Berg nach Clefen, und den hintern nach Bellenz, drängte sich durch diese unwirthbare Einöde; und wenn man ihr Ende erreicht hatte, so mußte man erst ohne menschliche Unterstützung, den höchsten Giebel der Schnee-Geburge übersteigen. Deswegen war der Weg über den Septmer und Julier, denen bewohnte Dörfer näher lagen, stärker betrieben, und den alten Schriftstellern besser bekannt. Aber Friedrich der sich vorgesetzt hatte, die Oberherrschaft über das Königreich Italien, besonders über Mayland, nachdrücksamer als seine Vorfahren zu behaupten, war es daran gelegen, mehr als einen Weg offen zu haben, um dahin zu gelangen. Und niemand war geschickter als er, den grossen Plan zu entwerfen, die westlichen Alpen durch Bevölkerung der daran stossenden Thäler zugänglicher zu machen; noch tüchtiger ihn auszuführen. Hiezu kömmt noch eine Thatsache, welche alle diese Vermuthungen in Gewißheit verwandelt. Neun Jahr nach dem beweinenswürdigen Tode König Conradins, und der traurigen Catastrophe, des mit ihm erloschenen Stamms der Herzoge von Schwaben und in Rhätien, begaben sich die deutschen Männer, die im Rheinwald wohnten, unter den Schutz des Freyherrn Walther von Vatz, wie sich solches aus der noch vorhandenen, im Jahr 1277. den Samstag vor St. Gall ausgefertigten Urkund erhellt (235). Dieses beweißt nicht nur das Daseyn einer deutschen Colonie, die sich in dem ganzen Gelände, von den Schamsergränzen an, bis auf die Scheitel des Vogelbergs angebaut hatte; sondern es läßt sich noch ferners daraus folgern, sie sey unter dem unmittelbaren Schutz des Hauses Hohenstauffen gestanden; da sie sich erst nach dessen völliger Auslöschung, und nachdem sie noch einige Jahre vergeblich auf die Wiederaufrichtung des Herzogthums Schwaben geharrt, um einen andern Schutzherrn umgesehen hat.

Ich glaube also die Wahrheit nicht zu verfehlen, wenn ich unserm biedern Kayser Friedrich es verdanke, daß er die hohen Bergthäler die sich von der Nord-Seite an die obersten Zinnen der Alpen anschliessen, mit dieser wackern deutschen Nation bevölkert hat; die sich noch heut zu Tag durch besondere Leibs und Seelen Stärke und eine ihr eigne, altdeutsche Redlichkeit auszeichnet; und wenn ich darauf den ganz natürlichen Schluß baue, er werde die noch wichtigern Clausen und Pässe der Süd-Seite, ebenfalls nicht vernachläßiget haben. Und so erfindt es sich auch in der That. Schon unter der Regierung des Kaysers Lothar, war zufolg der von ihm festgesezten strengen Gesätzen (236), das Lehen der Grafschaft Elefen an die Kayserliche Kammer wieder zurückgefallen. Der Verfügung des Kaysers zufolg, sollten sowohl die Landesfürstlichen Gefälle, als die Gerechtigkeit, durch königliche Beamtete verwaltet werden. Dieses geschah auch wircklich; wie es verschiedene selbst im lezten Jahr der Regierung des Kayser

Conrads ausgefertigte Urkunden bezeugen (237).
Allein die Wuth der Factionen gährte zu diesen
Zeiten in dem obern Italien zu sehr, als daß
man allda Ordnung und Zusammenhang in Ver=
waltung der öffentlichen Angelegenheiten beobach=
tet hätte. Die mächtige Stadt Mayland, un=
ter dem Titel des Haupts der Langbartischen
Welfen, strebte nach der Alleinherrschaft; und
hatte die ihr zu nahe gelegnen Städte Como und
Lodi unterjocht, und die veste Insel Comacina
besezt. Von da aus reichte sie den Welfen im
Veltlin, und in der Grafschaft Clefen hülfreiche
Hand. So vermassen sich zum Beyspiel der May=
ländische Conful Gerhardus Niger, mit dem Ueber=
namen Cagapistul, und seine Beysitzer im Jahr
1152 den obgedachten königlichen Richtern, und
Gewalthabern in den Stab zu greiffen, und in
dem obgemeldten Streithandel zwischen Clefen
und Plurs, wegen den aufgelofnen Unkosten ein
Urtheil zu fällen (238). Diesen Eingriff in die
Rechte des Kaysers, wiederholten Mayländische
Richter den 3 Juli 1155, zu der gleichen Zeit da
Friedrich zu Rom die Kayserkron aufgesezt wurde;
durch ein zu Mayland in den Broileto Confularia

über den nemlichen Streithandel ausgesprochnes Urtheil (239), und allemal wurde in diesen Urtheilsprüchen der Mayländischen Vorgesezten, die Qualification Missus Regis, weggelassen; entweder weil ihnen dieselbe nicht gebührte, oder, weil sie den Vorsatz gefaßt hatten, dem Kayser selbst die Oberherrschaft über alle disseits der Alpen gelegne Länder aus den Händen zu winden. Die angeführten Documenten verbreiten also über die Staatsgeschichte dieser Gegenden und Zeiten, vieles Licht. Sie beweisen die Unächtheit der beyden Diplomen, durch welche einerseits die Grafschaft Clefen selbst, anderseits das Bischthum Como sich das Lehen dieser Grafschaft schon vor der Verstöhrung der Stadt Mayland, angemaßet. Durch die erste dieser Urkunden soll Kayser Friedrich den 8 Merz 1152, auf dem Hoftag zu Ulm die Grafschaft Clefen den Consuln und Gmeind allda im Angesicht des Bischoffs Arditio von Como zugesprochen, und sie gleich darauf feyerlich damit belehnt haben (240). Durch die zweyte welche sich ganz auf die erste gründet, und derselben sichtbarlich angepaßt worden, weil sie vermuthlich eine neuere Erfindung ist; hat der nemliche Kayser, durch einen den 22 Aprill zu Bamberg erfolgten Ausspruch, diese Grafschaft den Einwohnern derselben wieder entzogen, und sie dem Bischoff von Como übergeben (241.). Allein das erste Diplom ist offenbar unächt, denn Otto von Freisingen versichert uns, der Reichstag, auf welchem Friedrich der Erste zu der Kayserwürde erhoben worden, habe sich den 4ten Mertz 1152 zu Frankfurt versammelt (242), und nach vollendeter Wahl habe sich Friedrich geradenwegs nach Aachen begeben (243). Wie kann er dann den 8ten Mertz des nemlichen Jahrs zu Ulm gewesen seyn, und allda auf einem öffentlichen Hoftag, das Lehen der Grafschaft Clefen dem dasigen gemeinen Wesen zugesprochen haben? Ist aber diese erste Urkund unächt, so kann die zweyte ebenfalls nicht bestehen. Um so mehr als alle die wichtigen Gründe, die Quadrio wider die von Tatti angeführten alten Diplome des Bischthums Como insgemein, und wider dieses insbesondere anführt (244), sich mit der obigen Betrachtung, und den angeführten Documenten vereinen, es gänzlich zu verwerfen. Und wirklich, da es aus der, nicht nur von Radewik, sondern auch von

Goldast uns aufbehaltnen Urkund des Friedens, welchen der Kayser im Jahr 1158 mit den Mayländern geschlossen, sich deutlich erhellt: daß Como damals keinen Bischoff hatte, sondern dem Mayländischen Kirchensprengel unterworfen war; so kann man sich nicht genug verwundern, daß der grundliche Benedetto Giovio sich von Vatersliebe verleiten lassen, dieses Mährchen in seine Geschichte aufzunehmen (245), und daß sogar unser einsichtsvolle Sprecher es ihm abentlehnt hat (246). Allein wir kehren, da nun diese Hindernisse aus dem Wege geräumt sind, zu unserer Hauptsach zurück. Warum solche Eingriffe in die Rechte des Kaysers, als König von Italien, vor dem Jahr 1158 so gemein waren, und welche Mittel er gebraucht, diesem allgemeinen Mißbrauch Einhalt zu thun, haben wir aus dem vorangeschickten Ueberblick der Geschichte Friedrichs schon ersehen. Unter den Beschwerden die auf den roncalischen Feldern eingeklagt worden sind, war die unbefügte Gewalt welche sich die Mayländer im Veltlin und in der Grafschaft Clefen angemasset hatten, mit einbegriffen; und das eidliche Versprechen, dem Kayser, als König Italiens, seine Gerichtsbarkeit und Regalien unangetastet zu lassen, erstreckte sich auch über diese beyde Thäler. Allein sie waren, wie ich es oben angemerkt habe, nicht gesinnt ihren Eid zu halten. Diese Eingriffe daurten immer fort, bis endlich Friedrich, durch einen Vier Jahre lang fortgesezten Krieg, diese stolze Hauptstadt gebändiget. Die Anstrengung der Kräfte, mit welchen er diesen grossen Hauptzweck zu erstreben trachtete; und die unterdessen, zwischen den Welfen und Waiblingischen in Schwaben ausgebrochne grosse Fehde, hatten ihm nicht Zeit gelassen, wegen der Regierung der Grafschaft Clefen, die erforderlichen Anordnungen zu treffen. Kaum hatte er aber, um den Frieden im Reich wieder herzustellen, im Jahr 1165 anfangs der Fasten, laut obiger Anmerkung (226); die Fürsten des Reichs auf einen Hoftag nach Ulm beruffen; so traten die Grafen und Edeln der schwäbischen Nation vor ihm auf, und klagten laut: Die Ehre des Herzogthums Schwaben sey dadurch gekränkt, und geschmälert worden, daß man die Grafschaft Clefen davon abgerissen habe; sollen sie also noch ferner treue Dienstmannen des Herzogs von Schwaben seyn und verbleiben, so verlangen sie vor allem,

daß

daß dieses Glied mit seinem Haupte wieder vereiniget werde. Als hierauf vor der vollen Versammlung, der Hoftagsatzung, von Graf Gottfried von Holten aufgefordert, der edle Greis Graf Ulrich von Pfullendorf, und Graf Marquard auftraten, und zeugten bey ihrem Eid, die Grafschaft Clefen gehöre dem Herzogthum Schwaben zu, so erklärte der Kayser: die Grafschaft Clefen soll von jeder andern fremden Herrschaft losgezählt, und mit dem Herzogthum Schwaben wieder vereint seyn. Gestattete auch mit ausdrücklichem Vorbehalt aller Vorrechte des Herzogthums Schwaben, ihren Vorstehern und den Bevollmächtigten derselben, Soldan und Guiperth, alle Einkünfte der gedachten Grafschaft, von Burgen, Filial-Kirchen, Dörfern, Höfen, Brunnquellen, Meßgebühren, Waarenzöllen, angebautem und ungebautem Land, Bergen und Thälern, dem Wald zu Mezzola, der Jagdbarkeit, zugänglichen und unzugänglichen Gegenden, Kastanienwäldern, Strassen, Wassern, Wasserleitungen, Wiesen, Waiden und Aeckern, als ein wahres Lehen, von jedermann, besonders von den Mayländern und andern Langbarten, ungehindert zu geniessen (247). Diese wichtige Urkund

J

beſtimmte das Schickſal der Grafſchaft Cleſen auf
lange Jahre, und war im Jahr 1192, da Heinrich
der Sechste, beym Antritt ſeiner Regierung der Ge=
meind Cleſen dieſes Lehen erneuerte und beſtätigte,
noch in vollen Kräften. Sie unterwarf die Graf=
ſchaft dem Reich als ein Lehen, und verband die
Vorſteher und Einwohner derſelben als Vaſallen
zu allen Lehenspflichten, Dienſten und Leiſtungen,
die von den Lehenrechten und Uebungen vorgeſchrie=
ben werden. Im Namen des Reichs verwaltete
der Herzog von Schwaben die obere und niedere
Gerichtspflege durch Judices et Miſſos Imperatoris.
Zu dieſer Ehrenſtelle wurden dem von Kayſer
Friedrich, nach der Zerſtörung der Stadt May=
land angenommenen Grundſatze zufolge, meiſtens
rhätiſche Edelleute gewählt. Daher werden die,
in dem eben vor uns liegenden Diplom auftretende
Zeugen, Rudolf von Vatz, Ulrich von Juwalta,
Andreas von Marmels, und Rudolf von Rank=
wiel, Curiæ Imperialis Judices genannt. Alſo
war nun die völlige Abhängigkeit der Grafſchaft
Cleſen vom Reich und von dem Herzogthum
Schwaben feſtgeſetzt, und jede Abweichung davon
war eine Felonie.

In Ansehung des Veltlins haben wir nicht so entscheidende Urkunden. Inzwischen hat Quadrio sehr richtig bemerkt, daß unter der Regierung Friedrichs und seines Sohns, dieses Thal weder unter Como noch unter Mayland, sondern geradenwegs unter dem Kayser gestanden sey. Denn was Como anbelangt, hatte diese so kläglich verwüstete Stadt, die ganze Regierung Friedrichs hindurch, genug zu thun, sich aus ihrem Schutte zu erheben, so daß sie, wie ihr Schriftsteller Jovius selbst gesteht, den Besitz der Dörfer Domas und Gravedona erst nach dem Tode dieses Kaysers wieder erhielt (248). Mayland hatte, nachdem Friedrich im Jahr 1159 die Insel Comacina erobert, und nachher im Jahr 1169 den Bürgern von Como erlaubt hatte, dieselbe ebensowol als das Schloß Gravedona zu zerstören (249), auf dem Comer See keinen festen Fuß mehr. Ueberdas war das Veltlin der Zufluchtsort, der von den Mayländern verfolgten Waiblinger. Dahin hatten sich, wie ich oben angemerkt, die aus dem zerstörten Como verjagten Häupter dieser Faction geflüchtet; und als im Jahr 1161 die Mayländer den in ihrer Nachbarschaft gelegenen Flecken Paravicinum

J 2

aus dem Grunde, weil er dem Kayser anhieng, verwüsteten und verbrannten; flüchteten die vornehmsten Einwohner desselben nach Caspano im Veltlin, und stifteten das allda noch blühende adeliche Haus (250), welches Quadrio und Stampa ohne Grund unter diejenigen zählen, die zu der Zeit der Zerstörung von Como von da ausgewandert sind; denn in dem obangeführten Gedicht de Excidio Urbis Cumanæ finden wir zwar, daß der Quadrii v. 716, der Becharia v. 1058, der Vicedomini v. 1659, und anderstwo der Vertemate v. 1651, und der Brochi v. 1193 Meldung geschieht, aber die Paravicini nennt es nicht. Und da es bekannt ist, daß sehr viele Edelleute des Veltlins von dem Ort ihres Ursprungs ihren Namen haben; wie zum Beyspiel die Quadrii von der Quadra, einer Gegend der Stadt Como (251), die Venusta von der Vallis Venusta, die Castelli, Lavizzari, Vertemate, Canobii, Marleanici, Mariani und andere, von Dörfern und Marktflecken des Mayländischen, so ist das nemliche von dem sehr ausgebreiteten adelichen Geschlechte von Paravicini zu vermuthen; zumalen uns die sehr entfernte Epoche ihrer Auswanderung, von dem angeführten Schriftsteller so bestimmt angedeutet wird.

Hieraus folgt nicht nur der sehr richtige Schluß: daß hiemit zu dieser Zeit das Veltlin der Herrschaft der Mayländer nicht unterworfen war; sondern, daß sich der dahin geflüchtete Waiblingischgesinnte Adel nothwendig an den Kayser anschliessen mußte, um vor ihren zu mächtigen Feinden sicher zu seyn. Der Kayser herrschte also, seitdem er im Jahr 1159 den Krieg wider Mayland beschlossen, unmittelbar im Veltlin. Was für Herrschersrechte ihm zugestanden worden seyen, sagen uns die Rathschlüsse, des ein Jahr vorher gehaltenen Reichstags auf den roncalischen Feldern; und wie er sie ausgeübt, beleuchtet die obige documentierte Geschichte der Regierung der Grafschaft Clefen; da es nicht wahrscheinlich ist, daß der kluge Kayser zwey so nahe gelegene Thäler, die vollkommen im gleichen Falle waren, ungleich behandelt habe. Auch allda waren also Judices und Missi Regis, der Gerechtigkeitspflege und der Verwaltung der königlichen Gefälle vorgesetzt; und diese waren natürlicherweise Häupter und Anführer der ganzen Waiblingischen Faction. Man muß aber nicht glauben, daß diese im Veltlin, und zu Worms, ohne Widerstand geherrscht habe.

Es wohnten auch Welfisch-gesinnte Edelleute allda in festen Burgen, und gaben sich anfangs für Besitzer von Einkünften des Klosters St. Denis, hiemit der Kirchen aus; wie denn wirklich in vielen neuern Urkunden von Ländereyen, die dem Kloster zu St. Denis zugehörten, Meldung geschieht (252). Nachgehends warben sie Freunde und Anhänger unter den ehmals Waiblingisch-gesinnten Geschlechtern. Feige Seelen die mehr auf Uebermacht der mächtigern Welfen im obern Italien, als auf Pflicht und Dankbarkeit, achteten! Während der zweyspältigen Kayserwahl Philipps und Otto des Vierten, stärkte sich diese von der herrschsüchtigen Stadt Mayland unterstützte Welfische Faction. Die durch innere Unruhen entkräfteten Kayser und Gegen-Kayser sahen sich genöthiget, ihr zu schmeicheln, und nun vermißte man mitten im Tumult der Factionen jede Spur der Ordnung; und alle Schranken der Rechte lagen unter den Füssen einer wilden Anarchie, von welcher man, wie ich schon oben angemerkt habe, keine diplomatische Geschichte liefern kann.

www.ingramcontent.com/pod-product-compliance
Lightning Source LLC
Chambersburg PA
CBHW030243170426
43202CB00009B/612